SON MUCHAS COSAS.
DIARIO DE UN
ENFERMO FELIZ

SON MUCHAS COSAS. DIARIO DE UN ENFERMO FELIZ

Jorge Lucas

1.ª edición: octubre de 2017

© Jorge Lucas, 2017
  César Saldívar (foto)
© 2016, 2017, Sipan Barcelona Network S.L.
  Travessera de Gràcia, 47-49. 08021 Barcelona
  Sipan Barcelona Network S.L. es una empresa del grupo
  Penguin Random House Grupo Editorial, S. A. U.

Printed in Spain
ISBN: 978-84-17001-21-6
DL B 18626-2017

Impreso por EGEDSA

Sonrisa curativa

Si por algo reconocemos a Jorge Lucas, además de su talento como actor, es por su risa contagiosa y la buena energía que desprende al estar cerca de él. Siempre lo vi jovial, alegre, cercano, natural y, sobre todo, sensible. Incluso aquella tarde fría de enero en la que Jorge venía a verme al teatro Phillips de la Gran Vía de Madrid, donde yo daba varios conciertos; su sonrisa iluminaba la puerta del camerino en la que coincidimos, allí entre abrazos de reencuentro me confesaba como amigo la noticia que el día anterior había recibido. Jorge sonreía como siempre pero sus ojos no lo hacían de la misma manera... Aun así me impactó el tono con el que me contaba cómo el día anterior le habían diagnosticado un cáncer de estómago. Ni en ese momento en el que sus ojos reflejaban el impacto de la noticia mezclado con la preocupación y el brillo de la tristeza le vi perder la sonrisa; aún recuerdo cómo le abracé fuerte sin saber muy bien qué decir. Le agarré fuerte la mano, mi cara se congeló más si cabe en esa tarde noche de enero... Y sin hablar, solo con su sonrisa interminable, Jorge me consolaba a mí con un «no pasa nada, yo puedo con esto». Entré en el camerino en *shock*, serio y preocupado, pero Jorge no había dejado de sonreír. Tardé varios minutos en desconectar de la noticia que mi amigo me acababa de dar, aun así la última imagen de él al despedirme en el camerino era la de un ser ilusionado y feliz porque se iba a sentar en la butaca a escuchar música... Mi música. No sé qué hubiese hecho yo en caso contrario ante una noticia así, es muy probable que hubiese tardado días o meses en asumirlo y salir a la calle a relacionarme con gente, es casi seguro que me hubiese encerrado en casa a digerir algo así hasta poder asimilar e intentar volver a la «normalidad». Su sonrisa sigue aún clavada en mí y aún pienso con asombro cómo Jorge podía estar ahí a pocas horas de saber una noticia tan difícil de asimilar. Nunca más perdimos el contacto y no he dejado de seguirle y verlo en sus redes sociales y televisión. La capacidad de superación y de alegría con la que Jorge se ha mostrado al mundo plantando cara a una enfermedad tan terrible no ha dejado indiferente a nadie, hasta los noticieros se hicieron eco de cómo este actor siempre tan alegre seguía con esa entereza ante su nueva etapa, en la que ya había perdido su pelo pero ni por un segundo su sonrisa kilométrica, ni las ganas de luchar y dar esperanza no solo a sus amigos, amigas y familiares, sino a todas las personas que padecen esa enfermedad. Una enfermedad por la que seguir en la lucha, en la investigación para conseguir vencerla en la mayoría de los casos y, ¿por qué no?, ¡en su totalidad si algún día es posible! Después de ver a Jorge pienso que todo es posible... Casi un año después volví al mismo teatro a cantar, volví a entrar por aquellas puertas en las que coincidimos antes de mi concierto y fue allí mismo donde Jorge me contaba que justo el día anterior le habían confirmado que estaba totalmente curado. Se cerraba así un ciclo en el que algo me había quedado claro: estoy completamente seguro de que la sonrisa de Jorge fue un arma de destrucción masiva ante la venenosa enfermedad; además de los tratamientos y avances que se van dando para combatirla es necesario una sonrisa a lo Jorge Lucas, esa misma que iluminó a quien la había perdido estando cerca del cáncer. Gracias, querido Jorge Lucas, por regalarnos siempre sonrisas curativas, incluso cuando el cáncer te la quería arrebatar.

Te quiere tu amigo,

MIGUEL POVEDA

A mi hermana María José, a ti, este libro

Antes de empezar

Lo que la quimio se llevó era el título que nació después de la caída de mi canoso cabello aquel día crucial que para mí fue el certificado inapelable de que tenía cáncer. Estaba en el programa de Telecinco *Pasapalabra* y surgió esa maravillosa frase, que sentí que era definitiva.

Yo soy cómico. El humor siempre está, al pie de la letra, en mi vida, y fue lo primero que se me ocurrió aquella jornada; y la idea que pasaba por encima de todo era soltárselo al público, compartirlo. Porque, a pesar de las lágrimas que pude haber derramado, me levanté como saltando de un trampolín y planté cara con una sonrisa a lo que me ocurría; así supe hacerlo, sin planearlo.

En esa frase se expresan muchas cosas y nunca esperé que cobrara tanta fuerza. Nació de forma inconsciente, pero a medida que pasaron los días me di cuenta de que todo había cambiado y que la quimio no solo se había llevado mi cabello, sino muchas cosas más. Y es que, como yo siempre digo; SON MUCHAS COSAS. El cambio radical que dio mi vida, por suerte y gracias al universo, ha sido para mejor. El cáncer es lo mejor que me ha pasado en la vida y nunca me cansaré de repetirlo. Lo viví con ilusión y amor, lo contrario al miedo. Lo disfruté, a pesar de algún que otro día malo, a pesar de mis uñas moradas por los medicamentos o los efectos secundarios de la quimioterapia; a pesar del llanto y la tortura de contárselo a mis padres; a pesar de que las comidas me supieran a metal; a pesar de los pinchazos y de las pruebas; a pesar de aquellas tardes en las que me acurrucaba abrazado a la almohada sin querer saber nada del mundo porque no me podía permitir que nadie me viera en aquellos estados tan grises; y a pesar de algún imprevisto mareo y una infinidad de efectos secundarios. A pesar y no tan pesar de todo esto, porque siempre me fijé en lo bueno, en lo bonito, porque en mí nunca hubo sitio ni espacio para darle tanta importancia a todos estos síntomas.

Lo que la quimio se llevó fue al antiguo Jorge Lucas, que tanto adoraba, para dar paso a un Jorge Lucas que amo con locura e incondicionalmente. La quimio se llevó mi silencio y el no abrirme a los míos, el guardar tantas cosas para uno mismo; eso no me hizo bien. Se llevó los malos hábitos alimentarios, se llevó el microondas para siempre y no lo echo de menos para nada. Se llevó el sentimiento de soledad que muchas veces me acechaba y la sensación absurda que se apoderaba de mí de no sentirme querido. Se llevó la ignorancia en la que vivía, el estar tan ciego y no darme cuenta de todo el amor que tenía, de todo el amor que me rodeaba y de lo maravillosa que puede ser la vida. Se llevó el comer rápido, apurado y tragando sin masticar la comida. Se llevó el estrés, los dolores de cabeza, se llevó el no saber decir «no». Se llevó la ansiedad de querer estar en todos los sitios sin estar en mí, olvidándome de mí. Se llevó muchas cosas malas y buenas; hizo desaparecer las primeras e hizo mejores las segundas. Se llevó el autoexcluirme de mi propia familia, porque uno puede ser así de iluso alguna vez y piensa estas absurdas cosas. Repito: SON MUCHAS COSAS.

La palabra «cáncer» tiene muchas cosas buenas, muchísimas, solo hay que saber verlas. Sé que es difícil, pero nada es imposible si uno lo desea y, sobre todo, lo pone en práctica. Os lo digo de verdad. Con este libro os invito a cambiar su definición y que sea algo espléndido que nos sucede, que no nos pertenece y que se va para hacernos mejores personas, no solo con el mundo exterior, sino también con nosotros mismos, con el interior que muchas veces nos cuesta escuchar. Mirar con otros ojos la enfermedad, borrar el miedo y mirarlo con amor para tomar conciencia y redirigir nuestra vida, tomar las riendas de ella y amar la «enfermedad», sí, entre comillas, porque para mí, y no me voy a cansar de repetirlo, es lo mejor que me ha pasado en la vida. Os aseguro que tiene muchas cosas buenas: el cáncer me llenó de amor, de ilusión, de apoyo y cariño. Espero que os sirva de ejemplo este camino mío, esta fórmula mía. Fue una experiencia única e irrepetible, mirar el cáncer con amor y darse cuenta de que todo lo que viene después simplemente es mejor. En el horóscopo soy Virgo, luego me hicieron Cáncer y ahora vuelvo a ser el mejor Virgo jamás conocido.

Gracias, gracias y gracias, besos en el alma.

Cada vez que me dais las gracias, ¿gracias a mí?, siento que se está cometiendo una injusticia. Porque sin vosotros no hubiera sido capaz de superar esto.

Gracias a vosotros otra vez.

JORGE LUCAS

«No ignores lo que te dice tu cuerpo»

En una fecha cualquiera del mes de octubre. Llevar una vida de esta manera es lo que uno nunca se plantea, es algo fuera de control, que se presenta sin preguntar, así es mi bella profesión y soy feliz dándolo todo en el escenario. El único lugar donde las penas, la angustia, los dolores desaparecen, justo en el momento preciso cuando poco a poco comienza a abrirse el telón, todo se transforma, es algo único, especial, es mi momento y ese sentir no lo cambiaría por nada. Sin embargo, ser actor me tiene bastante estresado durante los últimos meses. Como apurado y de mala manera, comida basura porque no llego a los sitios y no lo hago con la calma que a mí me gustaría, siempre con el reloj como bandera, corriendo de un lado a otro, compromisos, actos, presentaciones, teatro... Repito, me encanta todo esto, me hace feliz, pero el cuerpo tiene sus límites y no supe escuchar.

Es octubre, estoy de gira con la obra *Diez negritos*, de Agatha Christie, junto a mi buena amiga Lara Dibildos, y preparando el espectáculo flamenco *Mi sentir en Pablo*, un homenaje a Pablo Picasso, Enrique Morente y a la ciudad de Málaga. Pocas veces le presto atención al aire que me abraza en ciertos momentos, muchas veces creo que es un alivio que mis pulmones funcionen automáticamente, si no, con la cabeza que tengo, me olvidaría de respirar. Comencé a notar un dolor bastante extraño en la boca del estómago, nada que no pueda curarse solo y mucho más mientras esté ocupado como casi siempre en mi mundo. Malestar efímero que pasará sin darme cuenta, no tengo tiempo para estas cosas.

Me encanta ir al teatro, ver a mis compañeros de profesión darlo todo es gratificante. Nunca pierdo la oportunidad de hacérselo saber a mi gente y a ellos mismos. No lo saben, pero me emociona verlos actuar, es algo inexplicable. Aprovecho para enviarles siempre que puedo besos en el alma, no solo a ellos, sino a todos los que me siguen en las redes sociales. Trato de transmitir mis sensaciones cada vez que se me presenta la ocasión, diciendo muchas veces y a voces las dulces emociones que me provoca vivir como vivo rodeado de esfuerzo y dedicación.

Han pasado días y los dolores se van repitiendo de una forma constante. He pedido cita para poder ver al médico de cabecera. Sé que algo no va bien, esto no puede ser natural. Quizá debería prestarle más atención. Es sumamente molesto sentir constantemente esta sensación; intento olvidarlo pero basta con hacer un movimiento brusco o simplemente tirarme en la cama para recordarlo, sin que lo pida; es el cuerpo quien me lo reclama. Entro en Urgencias con un dolor abdominal fuerte que me causa un terrible malestar. Me pinchan para calmar el dolor, yo no entiendo nada. ¿A qué viene esto? Estoy en la camilla con las manos sobre el estómago. Intento quitarle importancia. Me calmo. Me dan el alta varias horas después y me marcho a casa. ¿Será el aviso de algo?

Caminar, ducharme, sentarme, comer y sentir esta molestia diaria no me pertenece; no es algo que yo pueda dejar pasar desapercibido. Muchas veces me palpo el estómago pero con el tacto no logro descifrar nada. A veces me pregunto para qué lo hago, como si esperase un milagro sanador que hiciera desaparecer el leve pero constante dolor.

Todo ha sido frío y casi sin despeinarse el doctor me dijo que todo iba bien. La analítica salió perfecta y la prueba de aliento dio negativa como para no preocuparse. Puede que haya sido quitarme un peso de encima. Dicen que cada vez que vas al doctor te encuentran algo, pero en este caso, fue lo contrario. Termino con las pruebas médicas rutinarias y solo me recetan Omeprazol, un fármaco que reduce la secreción de ácido gástrico, una dosis diaria. Es algo que mi inconsciente no asimila. Algo no va bien, esto no es simple, no quiero ser un caótico exagerado, pero ¡imagínate que sea cáncer! No me gusta pensar así, no lo sé. Dicen que todo lo que manifestamos se cumple, tal y como lo hemos pedido. Muchas veces no somos conscientes de ello, quiero evitar pensar en esto, en que sea realmente cáncer, pero el universo escucha; decirlo o pensarlo, aunque sea de forma inconsciente, es un pedido. Ser impecable con las palabras, expresar lo que realmente quiero y con firmeza es una tarea a día de hoy complicada para mí. En estos momentos tan duros y difíciles es cuando más en práctica y cuidadoso he de ser. ¿Pero cómo quitarme este pensamiento de la cabeza si el malestar no cesa?

Ahora es cuando crece en mi vida un vacío enorme. Se mezcla con esta incertidumbre de no saber lo que tengo y esta vida que es vida, porque no tengo otra forma de vivirla. Todo este sentir mío me resulta difícil expresarlo con claridad. Digamos que soy una persona que no se puede permitir preocupar a nadie y mucho menos a mi familia. No me puedo dar ese lujo. Sin embargo, siento que la soledad se hace grande, a pesar de que esté rodeado de gente, de risas todo el tiempo. A pesar de las giras con las obras de teatro, con los estrenos y esos nervios que tanto nos gustan a los actores, y con las entrevistas en las que nos volcamos.

A pesar de no tener, en mucho tiempo, lugar para pensar y acomodar mis sentimientos, me siento solo. Y no sé si me beneficia o me hace mal, pero es así, es real, un sentimiento de soledad que me atrapa día a día. Es complicado para mí admitir que ya no disfruto de las giras como antes, que siento un cansancio que se ha ido acumulando durante todos estos años. No poder comer tranquilo en mi casa, sentado, y disfrutar de la comida. Descansar sin hacer nada o hacerlo todo a la vez pero con paciencia es un martirio. Detesto no almorzar en mi casa, pero mi trabajo es así, mi vida es así. En ese sentido, actúo mecánicamente; necesito hacer lo que hago para comer pero no me gusta sentir este tedio indescriptible. Trato de no darle importancia si bien cuando suspiro me pregunto qué estoy haciendo.

El Omeprazol no me hace ningún efecto. ¡Como para aplaudir o tocarle el violín a mi buen médico! Sé que él no tiene la culpa. Esto es otra cosa, no es leve, es algo mucho más grave.

De todas maneras, existe una única cosa, para contradecirme más aún y entenderme menos y quererme más. Cuando se abre el telón, cuando me toca salir al escenario, en ese mismo instante, me transformo. Soy inmune a cualquier cosa que venga de fuera. Mi cuerpo automáticamente descarta todo malestar. Mi mente se abre y deja volar ideas locas que me lleven a la frustración o la tristeza. Estar encima del escenario y hacer mi trabajo me llena el alma de todo, de cada mirada, de cada sonrisa, de cada aplauso; se me eriza la piel. Es mi mejor medicina, estar en el escenario y ser realmente yo. Hacer la función es tan gratificante que nunca me siento desbordado, siempre con ganas de más. Ese momento mío, tan solo mío, también es efímero. Cuando acaba mi turno de entregar el alma y el corazón, el dolor reaparece.

Tengo que insistir con el médico: algo no va bien. Sé y siento que algo no va bien y no me hacen falta estudios para descifrar lo que mi estómago está queriendo decirme. ¿Será cáncer? ¿O alguna otra cosa? ¿Cómo es que no ha aparecido en las pruebas? ¿O no fueron suficientes? He de volver, sé que es por mi bien. Insisto y la solución que me dan es enviarme al especialista.

Dos noches en Urgencias, lo peor de lo mejor es que simplemente te calman el dolor, pero no te solucionan absolutamente nada. Es el capitalismo. Las farmacéuticas, los grandes y poderosos dueños de todo esto, se encargan de engañar a sus propios médicos para engañarnos sin que ellos lo sepan. ¿Qué quiero decir con esto? Que todo es un negocio. A una persona que quiere ganar constantemente dinero no le sirve para nada curar, porque dejaría de recibir ingresos. Entonces, ¿cómo hacer para ganar? Controlar. Controlan la enfermedad pero no la curan. Un paciente que durante años vuelve constantemente para análisis, pruebas, medicamentos gasta dinero; si se le cura, deja de gastar y no hay beneficio. Así es esto, de eso se trata este negocio.

Estar de Urgencias significa estar en una camilla, que te cojan una vía y te den calmantes, y que cuando todo desaparezca (provisionalmente) o mejore, te mandan a casa. Pero en mí todo empeora, la preocupación cada día se hace más grande. No saber qué me sucede es indescriptible. No hablo de esto con nadie, no quiero preocupar a nadie, pero en mi mente pasan muchas cosas, tengo miedo de lo que me pueda ocurrir y sobre todo de no saber qué es. ¡Quiero respuestas convincentes! ¡Quiero saber qué me pasa y no! ¡Y al revés! Mi imaginación vuela y, aunque trato de serenarme, las preguntas crecen y crecen sin pedir permiso. Necesito respuestas. No saber lo que hay del otro lado de la puerta, no saber lo que te espera pero desearlo, sea lo que sea. No estoy preparado para nada pero lo quiero todo, es complicado no pensar en esto. ¿Cómo no hacerlo? Trato de disimular y sonreír como siempre, como cada día, y sacarle una sonrisa a mi bella gente que siempre está conmigo. Aun así, a mí no me puedo engañar.

Treinta de diciembre. Vuelvo a ver al especialista; tengo que insistir. Me someto a una gastroscopia y aparece por sorpresa, y no, lo que me temía. Una úlcera horrible y bastante grande, una úlcera que «no pinta nada bien». Como cuando llegas a casa del cole con las notas y en el camino vas tan nervioso, hasta llorando, sabiendo lo que significa. Estar castigado o recibir el discurso nada agradable de tus padres que solo pueden estar enfadados y descontentos contigo.

Así bajo a otra planta. El médico me pregunta si llevo prisa y le contesto que no. Me dice que tengo que hacerme un TAC. Y yo solo puedo llorar. «¡No pinta nada bien!», me dice. Se cree que con eso puede solucionar mi problema, algo que me lleva preocupando hace tiempo, y que con esas palabras todo puede cambiar, como si en el fondo no lo supiera. ¡Claro que lo sé! Es mi cuerpo, son mis entrañas, mis latidos. Como ese niño que va mirando el suelo y hace esfuerzos para no ahogarse en sus lágrimas y no encuentra consuelo. Sé lo que eso significa aunque no lo quiero decir ni manifestar; ni soltar por mi boca. Soy consciente por primera vez de que me sucede algo grave y el silencio se apodera de mí. Yo sé lo que pasa, yo sé lo que me ocurre, solo me queda saber qué hacer.

—¿Qué te pasa? —me pregunta una voz que ve mis lágrimas en ese tubo frío y mecánico.

—Estoy así por lo que me han dicho.

Nada más, ni cruzar palabras. Es treinta de diciembre y en Madrid llueve a cántaros. Llueve tanto y no sé si el universo está enviándome una señal en forma de esta lluvia sin consuelo. Quizás el cielo esté llorando lo que intentan evitar mis ojos.

Ángela, mi dulce Ángela. Hablo con ella y solo intenta tranquilizarme.

—Tranquilo, tú no tienes cáncer. El cáncer no duele. Si no, no te dolería.

Pero yo sé que sí. Mi cuerpo me lo viene gritando desde hace tiempo. Se lo digo y no es por ponerme en lo peor. Yo lo sé. Junto los dedos de la mano derecha y me señalo el pecho y me digo con profundidad que sí, que es cáncer. Termino de hablar con ella, que trata de darme ánimos. Se lo agradezco muchísimo, siempre estoy agradecido con ella.

Hoy es treinta y uno de diciembre. Nochevieja. Los años anteriores la he pasado con mis amigos, como es habitual, pero hoy, hoy no estoy para fiestas. Miento, miento como un descarado para no demostrarles mi malestar, para no demostrarles mi dolor. A mi familia le digo que he quedado con amigos para pasar esta noche no tan mágica; para mí lo es este año en particular. A mis amigos les juego con las mismas cartas diciéndoles que había hecho planes con mis familiares y decido estar solo. Ese deseo mío se interrumpe cuando mi buen amigo Juan me llama. Me cuenta que está solo y yo decido olvidarme de mi necesidad de soledad y lo invito a que se venga a casa. Dejo que dé rienda suelta a sus palabras y decido quedarme con su compañía. Le advierto que no quiero ir de fiesta, que no quiero salir de casa, que necesito estar tranquilo. Le insisto en que no me encuentro nada bien. Le explico mi dolor estomacal. Me ocurre algo que nunca había vivido.

Juan coloca sus manos en mi estómago para realizarme un toque zen, yo noto que algo se revuelve dentro de mí, algo se manifiesta y vuelvo a sentir que no es nada positivo. Eso me confirma sin decirlo, una vez más, que tengo cáncer o algo mucho más grave; aunque no sé qué puede ser más grave que eso.

Tomamos las uvas juntos y se marcha. Yo le agradezco su paciencia y que haya sido tan comprensivo. Me quedo solo y por fin me siento aliviado para llorar sin que nadie me vea; estoy mal, muy mal, esta etapa de mi vida está siendo complicada y sin permiso las lágrimas recorren mis mejillas. Comienza el año y sigo en la misma línea: estrenos de teatro. Visitar el teatro María Guerrero o el teatro de la Zarzuela, para admirar, distraer la mente y, sobre todo, disfrutar. Sonreír ante todo, siempre. Mostrar mi mejor cara, intentar no darle vueltas a la cabeza y dejarme llevar por el buen momento con mis compañeros y amigos. Puede que sea una forma de escape, pero he de seguir con mi vida, nada me puede detener; yo soy así, yo soy Jorge Lucas.

Llega la noche de Reyes y me marcho a casa de Laura Valenzuela, invitado por su hija. No puedo comer mucho por el malestar que tengo y apenas puedo beber alcohol; lo recomendable sería no beber nada. Estas fechas tienen ese peligro, muchas veces se hace imposible no comer lo que preparan con buenas intenciones tus seres queridos o rechazar alguna copa para brindar el gran momento que estamos pasando juntos. Pero lo que tengo es serio, muy serio, debo controlarme. Esperar los resultados es lo único que puedo hacer, y mientras tanto comportarme y cuidar mi cuerpo, que lo necesita, y bastante. Tener una úlcera bastante grande me incomoda, no me hace sentir bien, este seis de enero se me hace pesado en el plano físico. El malestar es constante y no estoy bien.

Mis amigos sonríen, se divierten y brindan. Todos están contentos, con luz en el rostro, y yo trato de seguirles el ritmo. No puedo preocuparlos ni, mucho menos, amargarles este día, que es una jornada especial. Me insisten con todo el amor del mundo en que me tome una copa. Bebo un poco de champán. No será nada. Sin embargo, cuando uno dice que solo bebe una copa, termina yéndose con su gran grupo para seguir haciéndolo, y fue ahí en el momento justo cuando la úlcera alertó a mis sentidos. Aprovechó para arruinarme el resto del día y dijo con una voz dura e insostenible: «Aquí estoy yo.»

El dolor crece y tengo que marcharme. He cometido un error, otro más para mi cuenta personal. Me disculpo con todo respeto, intento mantener las formas, esas que no sé muy bien adónde me pueden llevar. Me despido como puedo y como puedo me voy.

Algo me ha sucedido sin que yo pueda explicarlo, un personaje de ficción se apodera, sobre todo, de mi rostro. ¡Increíble! Estar tan despistado, levantarme sin conocer el rumbo y que mis pasos me guíen hacia donde con decencia llamo cuarto de baño; y cuando pierdo la decencia mejor no decir el nombre. Enfrentarme al espejo, que siempre y cada día me juega diferentes cartas; es peor que el de la bruja de *Blancanieves*. También he de decir que quizá sea un iluminado y, sin necesidad de que nadie me lo pida, capaz de dar vida a Alf, aquel *alien* que aparecía en una serie americana en la década de los ochenta. Mirarme y decirme: «Tengo la cara como un frigorífico de espaldas.» Correcto y, de paso, compartirlo.

Suena el despertador y veo en el teléfono móvil que es once de enero.

—Oye, mañana tienes que ir a recoger los resultados, ¿no?

—Sí, pero no hace falta que vengas, puedo hacerlo solo, no te preocupes.

La voz de María José (agradezco al cielo que sea mi hermana), siempre tan firme y alentadora para este cómico despistado.

—Ya sé que tengo una úlcera. No hace falta que vengas, de verdad.

—Pues yo me voy contigo.

Convencer a mi hermana de cualquier cosa cuando ella siempre demuestra estar segura de sí misma es una batalla perdida. Solo tuve que aceptar su buena compañía. En el fondo no quería que me acompañase para evitar ese momento que sé que no se merece vivir, pero es imposible convencerla. Siempre sentí que hay cosas a las que hay que enfrentarse solo; como la vida, por ejemplo, de una u otra manera. Esa privacidad que uno necesita y, a veces, lo desborda tanto todo que es imposible deshacerte de tus seres queridos; aunque no me lo crea, se preocupan más que yo mismo de cómo estoy.

«Tienes toda la vida por delante, no caigas ahora»

Once treinta de la mañana…, momento crucial de esta etapa de mi vida, no recuerdo absolutamente nada y lo recuerdo todo. Trataré de explicarlo.

Estoy tan ausente de mí, intentando mostrarme derecho y fuerte delante de mi hermana, que ese intento se mezcla con el deseo de saber y, al mismo tiempo, de no saber el resultado de la gastroscopia. Todo ocurre en mi interior y yo intento que nada suceda.

Pasamos a la consulta, con pasos de plomo livianos, de esos que se dan cuando uno va a confirmar algo que ya sabe pero tiene la esperanza de que no sea así. Me encuentro a un hombre seguro de sí mismo. Comienza a hablar y concluyo que es sudamericano, por su acento, y es tan firme en sus palabras que me da cierta seguridad, no sé bien por qué.

—¿Cómo estás? —me pregunta.

Una mirada intensa se abre paso, una mirada que también se prepara para darme la noticia.

—La verdad es que me encuentro bien.

—No estarás tan bien, porque estás aquí.

Una frase que puede destruir cualquier comportamiento ficticio. Una frase que abre paso a la realidad.

—Siéntate, tengo los resultados de la gastroscopia.

Nada. El teléfono se desconecta sin que nadie se lo pida. El zumbido que entraba por la ventana se detiene. Las sillas que se quejaban a menudo de recibir ajenos cuerpos constantemente no dejan lugar a las dudas. Todo en aquel sitio sabe que es la hora de confirmar oficialmente mi dolencia.

—Tienes una úlcera provocada por un linfoma gástrico.

Y tal como pronuncia aquellas palabras, comienzo a sentirlo lejos, muy lejos, ausente. Parecería que estuviera alejándose poco a poco. Su presencia se aleja de mí y yo no me muevo. Intento recobrar la compostura y es difícil. No he bebido alcohol y me siento mareado, instintivamente me tomo la cabeza, no puedo hacer otra cosa, siento que las manos me ayudarán a recobrar la compostura pero me mareo aún más. No sé dónde estoy ni para qué estoy aquí. Meto la cabeza entre las piernas, ¡Necesito consuelo! Escucho una voz que me pide que alce la cabeza, otra vez esa voz tan segura de sí misma. Pasan pocos segundos y me recupero. Me siento mejor, vuelvo a ser yo, todo comienza a funcionar como corresponde y pregunto:

—Perdone, ¿me está usted diciendo que tengo cáncer?

—Sí.

Otra vez pierdo la compostura sin pronunciar palabra, mis sentidos me fallan y se me nubla la vista, nada tiene forma y yo no entiendo nada, cierro los ojos buscando consuelo, otro consuelo, nuevamente, pero no lo consigo. ¡Tengo lo que tengo, cáncer! Estoy a punto de desmayarme, quizás en este momento sea la mejor opción, quién sabe.

En ese momento, choque de egos, mi hermana se hace cargo de todo, toma el estandarte de la situación, la jefa, atiende al doctor y pone muchísima atención a todo el procedimiento, pero yo no puedo, no puedo pensar, no puedo oírlo, es imposible.

Siento la seguridad de María José, solo eso. A mí se me mezcla todo, ya no oigo nada, ni lo que dice el tipo de la palabra segura, que sigue gesticulando como si a mí ahora me interesara lo que esté soltando. Mis padres, mis amados padres. ¿Cómo decirles esto?, ¿cómo explicárselo? Son muy mayores. No se lo merecen. ¿Cómo puedo darles este disgusto? No, no, no, no puede ser. No puede ser verdad. ¡Ay, mamá!, lo siento, no puedo haceros esto, no os lo merecéis. No puedo darles este disgusto, no puedo...

Me levanto como puedo; como cuando un alcohólico intenta hacer el cuatro ante un control de alcoholemia y no caerse, así; pero soy capaz de hacerlo.

Tengo una citación para el hematólogo, pero me da otro bajón incontrolable y mi hermana me abraza para que no me caiga al suelo, ya que soy más grande (entre comillas) que ella. Empiezo a hiperventilar, me falta el aire, imposible controlar ya cualquier cosa que me suceda, pierdo el control y me desespero. Ella me empuja contra la pared para sostenerme y me pide que respire.

—Respira, tranquilo, respira.

Sé que ella está allí, pero se me caen las lágrimas, comienzo a llorar. Un tipo de blanco que pasa sin preguntar nada, sabiendo mantenerse distante, nos invita a sentarnos.

—Allí hay unas sillas. Id allí.

Supongo que señala algún sitio porque María José tira de mí como puede. Intento respirar y sostenerme.

«¡Jorge, Jorge, reacciona! Jorge, ya está bien, reacciona. Esto no puede contigo, esto no es nada. ¡Esto es la vida! Jorge Lucas, ¡¡reacciona!! Ya está bien.» Una voz, mi propia voz interior, me exige, me llama, me grita que ya basta, basta de que todo sea caótico y ausente de la realidad, basta de comportarme así, basta de lágrimas que no llevan a ningún lado, de angustiar a mi hermana con mi comportamiento. ¡Basta! Se acabó, hasta aquí hemos llegado. Algo nuevo empieza a nacer en mí y me recupero. Salimos del hospital y yo intento mantenerme firme. Soy yo y esto no va a poder conmigo. Nos montamos en el coche, todo es rápido, es una mezcla de sensaciones y sentimientos confusos que van y vienen, que llegan para quedarse para siempre pero de repente se van sin despedirse y dejan una huella profunda, una cicatriz aislada pero dolorosa, dolorosa y aislada, todo junto y nada a la vez.

—Tú te vienes conmigo a casa —dicta la jefa, segura de su amor y de que estaré mejor con ella.

—De eso nada, yo tengo que seguir con mis cosas, que son muchas cosas. Tengo mucho que hacer.

Esa discusión se abre paso entre el demonio que aparece a mi izquierda y el angelito que aparece a mi derecha, entre dejarlo todo e irme con ella y seguir con mi trabajo como si nada hubiera pasado. ¿Quién es ángel y quién demonio en este caso? Ni idea. En mi interior y mi cabezonería se añade el vínculo de seguir con mi vida y que nada, absolutamente nada pueda ir en contra de ello. Gano, por fin. Me ha costado convencerme pero lo consigo. Ella me deja en Nuevos Ministerios, frente a la oficina donde tengo que solucionar un par de problemas.

Llamo a Jhon y no sé por qué me desahogo con él, que lleva poco tiempo junto a mí trabajando en un proyecto, pero no puedo parar de hablar y llorar, y contarle lo que me ocurre. Un improvisado bajón, sin aviso, otra vez. Lloro en medio de la calle hablando por teléfono, me muevo como nunca antes lo hice, en círculos, hacia direcciones inconcretas, sin rumbo, sin noción del tiempo, sin nada que pueda controlar; si alguien me viera parecería que estoy planeando algo sospechoso. Pero yo simplemente lloro y me mareo y vuelvo a llorar. Mientras, intento explicarle lo que me ocurre a Jhon. De repente, una joven inglesa, al ver mi estado —que no quiero describir porque con solo visualizar que en medio de una calle de Madrid un hombre habla por teléfono y llora cualquiera se puede imaginar la escena— me pregunta en inglés:

—¿Estás bien?

Una plenitud de amor incondicional se abre paso en mi corazón con forma de agradecimiento. Es increíble que alguien, una desconocida, se pare frente a ti mostrando su preocupación. Parecerá excesivo, tonto, cursi, pero estas cosas me llenan el alma; que haya gente así en este lugar llamado mundo. Le agradezco tanto esa simple pregunta que lo dice todo... Es mágico, he vivido un momento mágico.

Jhon me exige que vaya a casa pero yo me vuelvo a armar de fuerza y poderío y me niego. Subo a la oficina como un gladiador, como si hubiera ganado algo importante sin quererlo, sin pretender nada. ¡Qué más da, si ya estoy aquí! Sería una tontería marcharme. Subo y soluciono todos los problemas que tenía. Ahora no hay nada que pueda conmigo. Y todo queda absolutamente al día y en orden.

Me marcho a casa y empiezan a llegar amigos. La única medicina que se me ocurre, que nace y forma parte de mí, que está en mi ADN y siempre va a permanecer ahí, es el humor. No puedo controlarme y comienzo a hacer bromas sobre mí mismo.

—Ahora, digo yo, si se me va a caer el pelo, ¿cómo coño me voy a poner la mantilla en Semana Santa?

Se ríen conmigo, pero es una risa agridulce. Yo los entiendo. Pero lo único que puedo hacer es reírme y hacerlos reír. Yo soy así. Soy cómico.

Doce de enero del año dos mil dieciséis. Nadie me ha dicho que deje de llorar, que no me angustie, que no esté mal. Ha sido una voz aislada que llega a mí y me ha dicho: «Esto no es mío, esto no puede conmigo. Yo soy más fuerte que todo esto.» No me planteo morir, no me planteo caer o dejar de ser lo que soy, no, imposible. El humor es la mejor medicina que puedo tener, lo mejor de lo mejor en este proceso mío y solo mío, del que saldré mejor que nunca antes, como nunca fui. Solo puedo reírme de mí mismo, ¿cómo quitarle a la lluvia las nubes grises? ¿Cómo quitarle algún capricho a un niño? ¿Cómo robarle las estrellas a la noche? O que ya no haya atardeceres; es imposible, imposible quitarme el humor que corre sobre, con y para mis venas. Llega Juan, mi buen amigo. ¿Cómo me iba a imaginar que este día pudiera ser tan especial para mí que cambiaría mi vida completamente?

—¿Conoces a Suzanne Powell?

Quizás es una pregunta trampa, pero soy sincero y respondo:

—Me suena pero no sé de qué.

—Quiero que veas vídeos de ella.

Lo tomo muy en cuenta. Me dice que puede ayudarme mucho ver vídeos de esta gran mujer que habla sobre todo del cáncer. He de invitar a mis amigos que se vayan de casa, viene mi fisioterapeuta y no quiero suspender la cita, no puedo ni quiero hacerlo. Con todo el amor del mundo les pido que se vayan. Aceptan y poco a poco se van, entienden que quiera estar solo y busque alguna excusa, pero la cita con el fisioterapeuta es real y llega justo cuando ya estoy solo.

Muchísima tensión en el cuello por todo lo vivido. Se nota en los hombros que han respondido sin consuelo: una contractura que nunca había sufrido. Con él tengo una conexión bastante interesante y nos reímos mucho juntos. Yo entiendo que no comprenda nada cuando me ve tan raro y le cuento lo que me ocurre. Los gestos de su rostro son de asombro, ¿cómo iba a imaginarse que un simple masaje rutinario iba a acabar en una confesión inusual que genera silencio e incomodidad? Pero no puedo resistirme; tengo que soltarlo. Se queda bloqueado. Es normal, algo que no pasa todos los días. Sus manos parecen portentosas, exactas a mi dolencia para poder relajarme, aunque sea efímero.

Mis amigos vuelven, tienen esa necesidad de darme cariño y calor, yo se lo agradezco pero en estos momentos solo me apetece tener un poco de soledad, es necesario para mí.

Me meto en la habitación, recuerdo las palabras de

Juan y me dispongo a ver los vídeos de Suzanne Powell, una psiquiatra filosófica, especialista en nutrición orto-molecular y profesora de cursos zen. Veo conferencias en las que habla sobre el cáncer. Comienza a hablar una mujer de origen irlandés delante de un micrófono, sin perder la sonrisa, con una paciencia enorme para expli-car correctamente todo y que se entienda. Ella agrade-ce todo lo que tiene y todo lo que ha vivido, la oportu-nidad de ser escuchada. Prometió un día hace mucho tiempo, cuando tenía veinte años, ayudar a todos los que pudiera si superaba el cáncer que tuvo; y así lo hizo, lo hace y lo seguirá haciendo. El humor como bandera, sin perderlo en ningún momento. Una nueva visión del cáncer. Habla del cáncer como una enfermedad de moda, las estadísticas dicen que una de cada tres perso-nas podrá tener cáncer. Pero ella no confía en eso. ¿Qué implica un cáncer? Miedo al diagnóstico, miedo al tra-tamiento, miedo a los efectos secundarios, miedo a caer. Es una enfermedad que se basa en el miedo y el miedo es lo opuesto al amor. La única solución para el cáncer es volver al amor. El amor hacia uno mismo, amarse pero a partir del conocimiento. Habla de alimentación consciente, evitar alimentos tóxicos que nos hacen daño, aunque muchas veces lo sabemos. Habla de aportar in-formación correcta que se desconoce. Cambiar los há-bitos, ser conscientes de lo que estamos viviendo y de qué manera lo estamos viviendo. Empieza algo mágico e irrepetible, es increíblemente certera en lo que está diciendo. Me llega al alma, me toca a mí mismo y puedo comenzar a comprender cómo estaba viviendo hasta el día de hoy. Habla de pequeños cambios para evitar tener cáncer. Controlar los usos de los aparatos electrónicos: tanta tecnología entre nosotros y todo el tiempo es cancerígeno. Ser conscientes de lo que comemos y cómo lo comemos: recalentado, frío, apurados, etc. Hacer y realizar los procedimientos médicos o no, pero hacerlo con paz y amor. Que ninguna decisión nos genere conflicto, ni con los familiares o amigos. Me entusiasmo, habla del cáncer como un maestro, como una señal de que debo parar y reflexionar, de que debo amar el cáncer para dejarlo ir. Consciencia, repite una y otra vez. Intento descifrar la fuerza de esta palabra. Tener consciencia significa estar despierto y atento, saber y sentir que las decisiones son sanas y correctas. Que solo nos pueda aportar paz a la medida de cada uno. Consciencia significa certeza, paz y sobre todo amor. Me duermo con otras sensaciones, el corazón late contento, lo siento, algo nuevo y positivo puede suceder y así será.

Juan me llama, yo lo atiendo y comenzamos una conversación que quedará grabada en la pupila de este cómico hoy quizás un poco más despistado que ayer pero nunca más que mañana. Llamarlo sorpresa es quedarse corto, metería mi cara de satisfacción absoluta en estas líneas cuando me dice con dulces palabras:

—¡Mañana te va a recibir Suzanne!

Mi cielo se ilumina, una sonrisa cotidianamente improvisada, de esas que surgen cuando se me eriza la piel, se apodera de mí. Mañana es un día especial pero vivo lo previo con más entusiasmo, estoy a las puertas de algo que es y será diferentemente único. Es catorce de enero y él viene a buscarme para ir a verla. ¡Me va a recibir! Por el camino me encuentro muy nervioso, voy a conocer a una mujer espectacular; hoy vuelve a ser un día especial para mí. Nos abren la puerta, momento crucial en esta etapa, lo siento así. Sale una mujer con una muleta, tuvo una caída patinando sobre hielo con su hija y se partió la cadera, gracias a su potencial y consciencia consiguió ir por sus propios medios al hospital y hoy está prácticamente recuperada. ¡Es ella! ¡Es Suzanne! Estoy muy correcto, soy así, no puedo evitarlo, estoy en una casa ajena que no conozco y voy a conocer a una persona a la que no he tratado personalmente. No sé cómo reaccionar. Cruzamos las miradas y una conexión brutal y extraordinaria nace entre nosotros.

—Él es Jorge Lucas, mi amigo del que te hablé, al que le acaban de diagnosticar un linfoma gástrico.

—¿Qué te ha pasado? —me pregunta ella con una voz dulce y muy atenta.

Comienzo a contárselo todo, ella me escucha atentamente.

—Esto que tengo no es mío.

Lo suelto desde lo más profundo del corazón, esta conexión es especial y comenzamos a reír también mientras nos disponemos a trabajar. Bueno, yo a dejarme hacer por los métodos de Suzanne.

Ser zen significa ajustar tus sentidos en la meditación con respiraciones conscientes y profundas para lograr el despertar espiritual. Utilizar sus técnicas como la terapia zen implica la imposición de manos sobre determinados chacras a fin de restablecer la fluidez energética de tu cuerpo. Tiene como elemento complementario el control del sistema nervioso mediante la respiración consciente y la meditación. A eso se le llama toque zen, que es lo que me hace ella mientras yo me rindo a sus maravillosas manos y su concentración. Y si quería conseguir que esté en armonía, lo consigue, ya que ese es el gran cometido. «Fluidez en la vida, tomar las riendas de nuestra vida, ser responsables de lo que nos pasa, brillar como luces espléndidas, deshacerse de lo tóxico, de lo que nos lastima, vibrar en paz y armonía.» Palabras que me dan calma y me acarician el alma. Acto seguido me pide que cierre los ojos y esté atento a sus palabras, me pide que respire pausadamente. Que llene los pulmones para luego expulsar el aire con paciencia.

Estoy siendo partícipe de un *reset*. Me explica que el cuerpo humano es como un ordenador, que cuando no arranca, está lento o pesado debemos llamar a un técnico para solucionarlo. Lo mismo nos pasa a nosotros cuando no funcionamos correctamente. El *reset* indaga en nuestro disco duro para buscar la raíz del problema, evade y envía a la papelera de reciclaje todo el contenido absurdo inculcado por la educación, los patrones de familia, los miedos, todo lo que nos van metiendo en la cabeza desde que nacemos hasta que nos vamos a la tumba.

Comienza a hablar y da en el clavo con muchas de sus palabras, algo en mí se enciende, todo esto es nuevo para mí, asombrosamente nuevo. Toda la información que me da queda guardada en mi inconsciente. La positividad, la afirmación de lo que soy se adhiere a mí porque está en mí, antes de haber llegado aquí, el humor y la sonrisa, reírse de lo que nos sucede y salir adelante. Todo esto me parece familiar. No obstante, tengo que ir con cuidado, no conozco bien todo esto, pero mi sensación, mi primera opinión la dicta mi propio cuerpo, paz y armonía. Durante el procedimiento Suzanne ve una figura femenina pegada a mí.

María Pineda, mi gran amiga, mi ángel, mi vida, he sido y soy de ella. Ha estado siete años luchando contra un cáncer de pulmón, del tipo bronquiolo alveolar. Nunca se rindió. Recuerdo que cuando hablaba de su enfermedad decía con naturalidad: «El bicho está controlado, adormecido.» Nunca perdió la dulzura de su sonrisa, algo que aprendí de ella, una de las tantas cosas que me enseñó. Dediqué cuatro años de mi vida a cuidarla, a hacerle reír, a intentar que siempre estuviera bien y feliz dentro de las posibilidades que yo le pudiera dar. Nunca me vio llorar por ella, nunca. A ella no le hubiera gustado y yo no me lo podía permitir, no podía darle semejante disgusto con todo lo que estaba viviendo. Mis momentos junto a ella eran únicos e inolvidables, eran nuestros, solo nuestros. Pasábamos horas en la cama riéndonos de cualquier cosa. Muchas veces era ella, que a pesar de sus dolores y malestar, me levantaba el ánimo y me hacía reír a mí. Es una mujer maravillosa que siempre me acompaña, siempre la siento presente, conmigo. Hubo momentos muy difíciles, como cuando estuvo a punto de morir y la bajaron a la UCI; me llamaron por teléfono y di tal salto de la cama, que cuando llegué al hospital me di cuenta de que no llevaba ropa interior. En mi casa lloraba mucho por ella cuando estaba solo, verla como yo la vi me destrozaba. Pero nunca lo hice delante de ella, no se lo merecía. Sufrió cambios bruscos de peso, perdió el pelo, tenía los huesos y las articulaciones destrozadas por la quimio. María me hizo creer en muchas cosas. Yo me considero una persona creyente, pero no practicante. No soy partícipe de la Iglesia y mucho menos de los curas, a los que no puedo ni ver. No voy a misa; Dios para mí es otra cosa más especial, no tan fría y distante como nos lo venden. Ella me hablaba de «su chico», el Cristo de Medinaceli, que evoca el momento de la pasión de Jesús de Nazaret cuando Pilatos lo presenta al pueblo. En el día grande, el primer viernes de marzo de cada año, antes de Semana Santa, al Cristo lo bajan al suelo. Ella le limpiaba los pies después de que lo besaran los feligreses, junto con sus hermanos. Verla en aquellos momentos era emocionante, el amor que daba y ponía en ese momento; adoraba a su chico y para ella era especial estar siempre presente ese día. Hablábamos mucho. Se preguntaba si toda la vida iba a poder aguantar tanto sufrimiento provocado por los efectos secundarios de la quimio. Siempre tuvo una pequeña esperanza de poder salir, de que todo eso se acabara. Tuve momentos de dudas, muchas veces me pregunté en voz alta con ella a mi lado: «¿Cuándo me van a ir mejor las cosas? Si siempre estoy ayudando a la gente.» Y en ese momento justo de angustia me decía: «Tú sigue haciendo eso, ayudando a los demás con todo el amor posible, ya verás que Dios algún día te lo devolverá.» Pero yo particularmente, después de lo vivido con ella, estoy molesto con Dios. Hablamos mucho de la importancia de la familia, de lo que significa, de los que están en todo momento; me hizo confiar y sentir que ellos, mi familia, son lo más importante. Si alguna vez me enfadaba por algo insignificante o no, ella me decía que no tenía que ser así, que cediera, que no hace falta pasar esos momentos y que perdía el tiempo enfadándome. Fue muy importante para mí, cada palabra, cada detalle de ella, mi María, mi gran amiga, mi ángel, mi vida. La siento en mí constantemente, llevo un colgante de plata que tiene mucho de ella. No os podéis imaginar cuánto de ella.

Cuando Suzanne me hace el *reset* yo le hablo de María, mientras intercambiamos comentarios e ideas, me hace darme cuenta de que no había dejado marcharse a María. Su presencia constante no me dejaba avanzar, ella explica que María necesitaba continuar su camino, me doy cuenta de muchas cosas. Son muchas cosas. Decido trabajar para dejarla marchar, siento que es la mejor opción, ella necesita descansar.

—¿Qué tal te alimentas? —me pregunta la rubia.

—No tengo horarios —le contesto.

Acto seguido me regala dos libros de alimentación consciente que ella misma ha escrito. Hábitos para cambiar. Me da una lista que me da la sensación de que tengo que seguir minuciosamente. Lo primero, deshacerme del microondas, una fuente electromagnética que contiene radiación e interactúa con las moléculas de los alimentos. Eso significa que daña el organismo, por la descomposición de las moléculas provocada por la radiación a que se someten los alimentos recalentados. ¡Es tóxico! Causa cambios dañinos en nosotros y no nos damos cuenta. Las células dañadas por la consumición de este tipo de alimentos son más propensas a virus, hongos y otros microorganismos. Se llenan de veneno nuestras propias células por el consumo de radiación. Síntomas varios como presión baja y pulso lento. Además de otras manifestaciones, una de ellas, el estrés. El dato más importante: ocasiona trastornos linfáticos que conducen a una disminución de la capacidad de prevenir determinados tipos de cáncer, sobre todo en el estómago y el intestino. El microondas es cancerígeno. A partir de este momento fuera microondas, a la basura con él y a concienciar a todos los que pueda para que dejen de usarlo.

Suzanne no es partidaria de que yo siga el tratamiento de quimioterapia. Dice que se puede evitar y puedo sanarme con este nuevo método. Me recomienda tomar tres frascos de pastillas naturales. El cardo mariano es un buen antiinflamatorio del hígado que ayuda a que se regenere y lo protege de toxinas estimulando el crecimiento de nuevos tejidos. Esta protección es importante para eliminar los venenos biológicos del organismo. Además, fortalece las membranas exteriores de las células y así ayuda a que las toxinas no penetren en ellas. La uña de gato sirve para aliviar las úlceras estomacales, la inflamación del tracto digestivo (colitis y diverticulitis), las hemorroides, el síndrome de intestino permeable y las culebrillas. Incluso se utiliza para controlar la natalidad, prevenir el cáncer, frenar el crecimiento de células cancerígenas y ayudar a reparar el daño causado por la quimioterapia y la radioterapia. Y *Bifidus acidophilus* para la flora intestinal. Son tres pastillas que según sus propias palabras ayudan a mantener limpios los filtros: hígado, riñón y colon. Durante el tratamiento esos tres órganos hacen un sobresfuerzo y hay que mantenerlos en perfecto estado. Además me hace una lista preciosa. Ella hace un par de años escribió un libro que se titula *Alimentación consciente*. A partir de este momento yo formo parte de esta nueva forma de alimentarme para mi curación. Tomar hortalizas licuadas, zumo de patata con zanahoria y manzana, que va bien para las paredes del estómago, media hora antes de las comidas. Aplicarme aloe vera.

Me voy muy contento y feliz con todo lo nuevo que he recibido, feliz de conocer a una mujer maravillosa y de toda la ayuda que me está dando. Aun así tengo mis dudas, dudo de todo esto, me hace pensar mucho. Lo que me sorprende de ella es que respeta mi decisión, sea cual sea. Yo le digo que con seguridad seguiré el tratamiento médico, ella en ningún momento se opone, no es una persona cerrada ni mucho menos, respeta mi decisión:

—La decisión que tomes, que te genere paz, sea cual sea.

Un estilo de vida totalmente desconocido, un regalo del universo que no puedo desaprovechar para ser consciente de mi vida, de todo lo que me ocurre, y por fin ser yo quien la maneje, con todo lo mejor que sé que me debe ocurrir. Necesito ser valiente y darles a mi cuerpo y alma todos los elementos que les ayuden a mejorar. Es hora de cambiar.

El subidón que me provoca salir de la casa de Suzanne es tremendo, estoy dispuesto a no seguir el tratamiento. Mi hermana María José no está por la labor y prefiere que mejor escuche las palabras del médico.

—Esto no es mío, no quiero hacerme el tratamiento.

—Esperemos a ver qué dicen los médicos.

En estos momentos he de tomar la decisión que me provoque una paz absoluta. Sea cual sea, porque mi intención es pasar por todo este proceso tranquilo. Decidir entre hacerlo o no seguirlo me tiene que llenar plenamente de paz. Quiero estar a gusto. El doctor Raúl Córdoba, un profesional que desde el primer momento me inspira confianza y me ha tratado con un tacto especial y alentador, me dice una frase clave:

—Por nada del mundo dejes de hacer tu vida. Continúa con ella. —Y añade con una sonrisa—: Sabes que se te caerá el pelo.

Al oírlo las lágrimas se derraman por mis mejillas.

—Solo te dejaré llorar este día y nunca más.

Decido seguir el tratamiento. Primero, por mi familia. Sé que ellos se quedarán más tranquilos si lo hago. Segundo, hay algo en mi interior que no está seguro de no hacerlo. Así que lo haré. Le comunico a Suzanne mi decisión y en ningún momento se opone; ella es partidaria de mi tranquilidad, y si esto es lo que me provoca paz, que así sea. Se lo agradezco, me demuestra ser una persona comprensiva y amorosa.

Durante estos días me ha angustiado y me angustia cómo contárselo a mis padres, qué decirles. Me tiene muy preocupado. No puedo concebir darles este disgusto pero tampoco se lo puedo ocultar, son muy mayores y no se lo merecen. Hablo con mis hermanas y sobrinos de lo que me está pasando. Les prohíbo que les digan nada a los yayos. Eso es cosa mía y me pertenece a mí. Imaginar cómo pueden tomárselo me eriza la piel. Mis padres, a los que tanto adoro, no se merecen esto.

Sábado dieciséis de enero. Me levanto y, por rutina, mi cuerpo me dirige hacia el baño. Ocurre que las ganas de hacer las necesidades fisiológicas aparecen, y yo, sin perder tiempo, hago lo que todo el mundo hace. Recuerdo las palabras del doctor Córdoba y al terminar observo y, en mi mente, como por arte de magia, logro volver a escucharle decir: «Jorge, si vas al baño y las heces son negras, te vienes corriendo para el hospital.» Dicho y hecho, no tengo tiempo para pensar, para reaccionar, ya está aquí la señal, me tengo que ir y no tengo nada preparado. Pero con una enorme tranquilidad y pasividad: tengo que ir a Urgencias pero decido recoger la casa como si tuviera día libre, con una tranquilidad de artesano que podría poner nerviosa a una tortuga enferma. Preparo la bolsa: ropa, cepillo de dientes, más ropa y trabajo.

Entro a la Fundación Jiménez Díaz. Todo es rápido, me acerco a la ventanilla y proporciono mis datos, acto seguido me pasan a Urgencias. En casos como el mío te atienden con mucha velocidad. Entonces te das cuenta de que la seguridad social funciona. Cuando el caso es realmente importante, los profesionales no pierden el tiempo y sin pensarlo se preocupan por tu estado. No me da tiempo ni para sentarme y me meten en un box. Me introducen una sonda nasogástrica en el estómago a través de la nariz. Nunca me imaginé estar expuesto a estas cosas. Yo me dejo hacer, he de dejarlos trabajar pero no es cómodo. Sin embargo mi sonrisa y mi armonía no desaparecen, no puedo hacer otra cosa. Sale un pelín roja, la úlcera está sangrando. Corremos mucho peligro si la úlcera perfora el estómago. Podría provocarme una peritonitis, una inflamación del tejido delgado que cubre la pared interna del abdomen y la mayoría de los órganos abdominales. Eso lleva a unos síntomas atroces, como fiebre, escalofríos, fatiga excesiva, náuseas y vómitos, hiperventilación, palpitaciones aceleradas. He de quedarme ingresado en Urgencias para que todo esté controlado. Supongo que no es nada y podré irme en pocos días. Espero que así sea, no desearía tener que contárselo aún a mis padres.

Estoy triste, intento retrasar el momento de contárselo a mis padres. Afirmar la tristeza es un acto de amarga realidad, decirte a ti mismo que estás triste y tener la valentía de soportar la mirada sin que se te caiga una lágrima. Invadirse de silencio sin imaginar absolutamente nada, pedir respeto con las manos que hablan ellas solas cuando uno simplemente desea quedarse en ese estado tan oportuno, como es la tristeza. Estoy triste por mis padres, por su reacción. Sé que se preocuparán y ellos no tienen edad para estas cosas. Pero esto es lo que hay y esto es la vida.

Veo que voy a quedarme unos días más. Se está haciendo más largo de lo que me esperaba. Me suben a la planta cuatro, la úlcera es bastante grande y hay que ser precavidos. Yo no me niego; simplemente acepto todo lo que me dicen. No me angustia esto que tengo, no me cambia, no me deprime, solo puedo pensar en mis padres. Nada más. Durante diez días me alimento solo por suero. He bajado mucho de peso, mi aspecto comienza a cambiar, un nuevo Jorge Lucas se abre paso y no hay quien lo pare. Aquí en el hospital me encuentro personas maravillosas, que me atienden con paciencia y mucho amor, son atentos conmigo y dulces. Conozco a Ana Belén, técnico en el reservorio, a Esperanza, la celadora número uno de la Fundación Jiménez Díaz, al equipo de la unidad treinta y seis, que me cuida y me mima. Me tienen en palmitas. Estoy muy agradecido por el trato recibido por todos ellos. Acaban de confirmarme que tengo que quedarme más días.

Necesito pedir ayuda a mis hermanas, necesito consejo, qué hacer, cómo decírselo a mis padres. Las respuestas de mis hermanas son de consuelo y entendimiento; yo soy quien tiene que tomar la decisión. Está claro que tengo que contárselo, pero me falla la forma de proceder. Pensaba que me marcharía pronto a casa, pero no; aún sigo aquí, el tiempo avanza y llega la hora de contárselo. Lamentablemente decido mentirles, no veo otra opción. Los llamo por teléfono, les cuento que mañana me operan de una úlcera que tengo. Que estoy en el hospital, Fundación Jiménez Díaz. Apenas cuelgo el teléfono siento que ya están comenzando a prepararlo todo para venirse. Les pido a mis hermanas que vayan a buscarlos a la estación y que estén con ellos, que no los dejen solos. Necesito que sean su compañía, que los tranquilicen.

A las pocas horas la puerta se abre y aparecen mis padres. Entran sonriendo, mis amados padres que siempre sonríen al verme, siempre. Cada reencuentro con ellos es una bendición.

—Te veo muy bien, hijo. ¿A qué hora te operan mañana?

—Es que... Os he mentido, no hay operación.

—¿Cómo?

La reacción de mis padres me hace suspirar.

—Tranquila, mamá. Tengo que deciros que tengo un linfoma. Cáncer de estómago.

En ese momento todo en aquella habitación nuevamente se silencia, hasta el suero deja de gotear. Saben que el momento es delicado. Lo siento así. Mis hermanas, Mila y María José, apoyan sus manos en mis padres, cada una con uno. Mi padre me aprieta la mano derecha para mostrarme su amor y decirme que está conmigo siempre, pase lo que pase. Aprieta más y puedo sentir su dolor. Mi hermosa madre se desmorona. Siento que mamá se tiene que descargar y la dejo que llore. Me duele verla llorar pero tengo que respetarla en este momento.

Mientras les explico cómo es el tratamiento con la ayuda de mis cómplices siento que no están enterándose de nada; no porque no quieran, sino por el peso de la noticia. Termino de explicarme y mi madre pregunta:

—Entonces, ¿cuándo te operan?

Así confirmo que no se han enterado. Me siento como me siento; no sé. Acabo de quitarme el peso de la tristeza de encima y parece que todo se tranquiliza. Aunque aún deje huella en mis ojos, sé que se irá. No es fácil, no ha sido fácil contarles algo así. Se tranquiliza todo, se tranquiliza la situación.

Ahora siento la necesidad de hacer público todo esto. La gente que me sigue, mis amigos, compañeros de profesión, gente que quiero, necesitan saberlo. Me he quitado un peso de encima, sé que repito muchas veces las palabras, pero es que forman parte de este momento y no tengo estudios gramaticales para expresarme de otra manera mejor. En estos momentos cualquier sinónimo sobra, expreso tal y como siento, soy así de simple. En este diecinueve de enero decido tomarme la foto, abrir la aplicación en el móvil con destino a las redes sociales y escribir: «Gracias a mi familia, a mis amigos y a muchos de vosotros por llenarme de amor y cariño. Soy muy afortunado. Ahora toca luchar con la enfermedad pero estoy muy animado y con muchas ganas. Os necesito a mi vera. ¡¡¡BESOS EN EL ALMA A TODOS!!!» Ya está, lo he hecho.

Cierro los ojos y al abrirlos me encuentro con cientos de mensajes de apoyo y cariño. Releo lo que acabo de escribir hace un par de horas y siento que he cometido el gran error de decir que lucho. Yo no estoy luchando, no me encuentro en una batalla. Ni lo siento ni lo vivo así. Al cáncer hay que darle alegría y entusiasmo. Lamento este error. Me prometo ser preciso y conciso cada vez que me exprese.

Mensajes a mansalva, la gente empieza a revolucionarse. No me planteo contar el proceso día a día, pero

todo lo que estoy leyendo, los mensajes de ánimo y apoyo, cada palabra y toda la fuerza que me dan hace que
algo en mí me diga que sí, que cuente cómo es todo,
cómo son mis sensaciones. Creo que mantenerlos al tanto de todo hace que también pueda ayudarlos a ellos y,
sobre todo, a mí.

«No ocultes lo que te pasa. Hazte amigo del cáncer»

Veinte de enero. Es hora de comenzar el tratamiento. Prefase de cinco días de quimioterapia. Al sexto día toca descanso y el séptimo me meterán la primera quimio. Estoy muy contento, no pienso en las consecuencias; los efectos secundarios me traen sin cuidado.

Para dar las gracias voy a colgar otra foto y al pie escribo: «Me vais a curar con tanto cariño!! Comienza el tratamiento!! Os dedico mi primer *top-less* del año. Gracias a todos, me dais la vida.» Y es verdad. Vivo todo esto con ilusión. La cantidad de seguidores comienza a dispararse por las nubes, el cáncer me está dando amor y alegría. No puedo pedir nada más. Esto es ilusión pura.

A mí que me encanta mi vello corporal me tienen que afeitar el pecho y estoy pensando en cómo solucionarlo. Así no hay quien ligue. Me llega mucha energía en cada mensaje; todo se está movilizando y creo que esto va más allá de lo que me pudiera imaginar. Nada está siendo planeado, sino que me dejo llevar por todo lo que va sucediendo. Improvisando. El cariño de la gente me da mucha fuerza, los considero como mi familia, ya forman parte de mí, de mi mundo, de mi nuevo mundo.

No temo a los efectos secundarios, no existe el miedo para mí. Siento náuseas cuando el carro de la comida llega a la habitación. Todo me sabe a metal, hasta el agua. Seguramente sean los efectos que me toca vivir. Me da por pensar si me están tratando el cáncer o quieren convertirme en Robocop. Los médicos aparecen cada mañana para controlar que no sangre la úlcera, que va respondiendo poco a poco positivamente. Me explican lo que va a suceder.

Les planteo los tres frascos de pastillas que me recomienda tomar Suzanne Powell. Ellos lo niegan; ni tan siquiera se molestan en ver qué es. Me dicen que ni se me ocurra tomar esas pastillas. Algo dentro de mí duda realmente entre tomarlas y no, pero hago caso, por ahora, al consejo de los médicos. Las dejo en mi mesita. Algo en mi cabeza me dice que las tome, que me harán mucho bien, pero no por ahora. Las dejaré aquí, a mi vera.

Hoy apenas veo, todo es borroso. Estoy un poco asustado y no puedo evitarlo. Hasta la televisión la veo borrosa. Intento tranquilizarme y buscar alguna manera divertida de salir de esto. Respiro conscientemente y aparece una chispa de luz y yo me entrego a ella. A partir de ahora me tomaré como un juego los síntomas que puedan aparecer en cada prefase. Cada día me despertaré con la ilusión de saber qué toca. Por suerte tengo muy pocas náuseas ya que en el gotero me colocan Primperan y eso las evita.

Las redes sociales están siendo un gran apoyo. Es auténticamente fantástico recibir el apoyo y el cariño de la gente, de mi gente y de los desconocidos que pasan a ser mi gente. Me escriben personas que han pasado o pasan por diferentes tipos de cánceres y me cuentan su experiencia. Yo trato de responderles a todos pero se me hace imposible. Es tanta la cantidad de mensajes en solo dos días que no me siento desbordado, sino feliz e ilusionado. El cáncer me está dando amor, pero amor del bueno, un cariño y apoyo que nunca imaginé tener. Estoy lleno de alegría y no puedo evitarlo. Estoy lleno de ilusión y quiero gritarlo. Me sentía como una persona solitaria. No tenía ni idea de todo esto, de la cantidad y la magnitud de amor que me rodeaba. Yo que pensaba que estaba solo y ahora no puedo parar de sentirme agradecido y feliz, por difícil que pueda parecer. El cáncer me está abriendo los ojos y empiezan a suceder cosas buenas y bonitas. Las personas con las que tengo contacto constante se acercan más a mí y no me dejan. Van apareciendo compañeros de profesión a demostrarme su cariño, también algunos de los que hace años que no sabía nada y el reencuentro se hace especial porque yo no puedo parar de reír. Mi noticia debe de fluir con gran velocidad, pasmosamente. Pasan los días y yo digo: «Os lleno de besos a todos. Gracias por darme la vida. Besos en el alma.» Cada día incrementa mi felicidad, estos días en el hospital están siendo intensamente alegres. Yo no sabía que era tan querido, no tenía ni idea. Esto es una inyección de energía, un complemento fantástico e impagable. Me lleno de paz interior, de armonía.

Trato de organizar muy bien a mi familia. Mi madre desea quedarse aquí conmigo todo el tiempo. Les permito que se queden hasta la comida, ella y todos. Que se queden aquí tantas horas sin hacer nada no me genera buenas sensaciones; siento que por mí están perdiendo su tiempo. Es como si no lo estuviera haciendo bien con ellos y no se lo merecen. Tengo que organizar esto. En el fondo de los fondos me lo agradecerán. Ellos tienen que seguir con sus vidas, no pueden pararlo todo por mí. En ningún momento los excluyo de la realidad, de todo lo que hay y todo lo que sucede, pero los haré partícipes hasta cierto límite, para que puedan descansar. Ellos lo aceptan y yo me quedo muchísimo más tranquilo. Pienso que a partir de ahora no he de excluirlos de nada, no tengo que guardarme nada para mí. Lo he hecho antes para protegerlos. Nunca les conté mis dolores o problemas, las dificultades económicas que pude haber tenido en algún momento, lo mal que lo pasaba, alguna ruptura amorosa que creó una nueva cicatriz en mi piel y que quedará guardada en mi memoria; todas esas cosas que uno pasa y que le toca vivir me las guardé y me las quedé para mí solo.

A partir de ahora eso va a cambiar. Basta ya de autoexcluirme, de sentirme la oveja negra de la familia. Necesito tenerlos a mi vera y yo soy el único que puede arreglar esto. Es hora del cambio, de cambiar absolutamente todo. Gente con la que he tenido algún tipo de problema se presenta a pedirme perdón. Se pueden sacar muchísimas conclusiones y creo que si esto no me hubiera ocurrido, quizá jamás me pedirían disculpas. Pero yo no soy así, las hipótesis no van conmigo y me quedo con la realidad y lo que sucede. En sus ojos veo sinceridad absoluta y no puedo hacer otra que decirles que todo está bien entre nosotros.

Y así es el nuevo Jorge Lucas, que se llena aún más de paz y amor. ¿Pueden caber tantas cosas buenas en una persona? Hoy puedo decir que sí, que lo estoy viviendo en mi propia piel. Sobre todo, gracias al cáncer, por aparecer en mi vida, para despertarme y darme cuenta de todo esto.

En la Fundación Jiménez Díaz me están regalando su labor encomiable. Me tratan muy bien, con mucho cariño. Me hacen sentir arropado y muy querido, todos, enfermeras y enfermeros. Es maravilloso ver la entrega y el amor que te proporcionan en esta etapa. Gente bella en el mundo.

Hoy me he encontrado a un grupo de voluntarios que van a dar sesiones de reiki a los enfermos de Oncología.

Señoras, señores, chicos jóvenes. Me han saludado y me han preguntado si quería una sesión. Les he dicho que sí. En ese momento te saludan y se despiden al mismo tiempo, por el simple hecho de que te quedas dormido durante el proceso y cuando te despiertas ellos ya no están. Son como ángeles.

Contesto mensajes y me entretengo. La gente en las redes sociales me está brindando un apoyo fascinante y yo me siento muy agradecido. Me vais a curar con tanto amor. Repito que no entraba en mis planes contarlo todo, pero siento que se lo debo, y tomármelo con ilusión y humor es mi mejor medicina. Me provocan alegría y bienestar, y estoy muy agradecido con cada uno de ellos.

Caridad Vega aparece en mi habitación. Mi gran amiga y fantástica cantaora de flamenco, ese arte que a mí me fascina y adoro. Me canta y no puedo evitar compartirlo con todos ellos, con toda mi gente. Sonrío mientras me regala su voz. Regalos que me curan el alma. Te amo y oléé. Ese olé que sale de dentro para afirmar que lo que acaba de hacer es un regalo que siempre tendré presente. Es un olé para confirmar que he podido recibir completamente su mensaje y lo único que se me ocurre es abrazarla y entregarme a ella. Ha sido uno de los obsequios que me van llegando. Cada día está siendo más intenso y bello. Gracias otra vez.

La quimioterapia ataca mucho la mucosidad y el crecimiento de las uñas. Hasta ahora no he vomitado ni una vez. Las náuseas han desaparecido.

Me siento muy querido, las visitas están siendo incesantes. Les tengo que pedir que por favor pasen de dos en dos porque la habitación estaba tan llena que no podía hablar con todos y se organizan tertulias entre ellos. Las enfermeras, curiosas, por la noche me preguntan quién vendrá al día siguiente, ya que acuden a visitarme muchos compañeros de profesión conocidos. Yo les contesto que no tengo ni idea pero que estén preparadas. Durante todo el día me cuidan muchísimo y me tratan muy bien.

Veinticinco de enero. Recibo la visita de Suzanne. Tengo la cara desencajada de la alegría de recibir a semejante ser. Hablamos, nos reímos, entra con su muleta, poco a poco se va recuperando de la caída que tuvo. Es increíble. Me habla con mucho amor y me hace un toque zen. Yo me dejo hacer. Así uno se cura a marchas forzadas. No me deja opción y yo estoy más energético y contento. Me habla con dulzura, me dice que todo va a estar bien, que todo está bien. Recuerdo que ella no estaba por la labor de que tomara el tratamiento pero respetó mi decisión con una grata sonrisa, algo que me alivia. Yo se lo agradezco muchísimo, no sabe lo importante que es recibirla y que esté conmigo. Ella es una gran impulsora de mi cambio y agradezco a la vida haberla conocido. Es mi maestra.

Veintiséis de enero. Llega el primer momento de la quimioterapia. Sin embargo, una chispa sonriente surge en mi mente y decido cambiarle el nombre para quitarle hierro y reírme un poco. A partir de ahora me iré de botellón. Jamás lo he hecho, ni cuando era un adolescente, pero nunca es tarde para empezar. Mi primer gran botellón, allá vamos y así se lo hago saber a toda la gente que me sigue y me da energía. La primera reacción es una hinchazón tremenda. Veo a Carmen de Mairena en el espejo donde debería aparecer mi imagen. ¡Madre mía! Decido publicar lo siguiente: «Hoy tengo la cara así después de la quimio. Parece que me ha pasado un camión por encima. Jajajajaja. No tengo ganas de *ná.*» Y así es. Ese nuevo efecto de hoy me ha quitado las ganas de saber qué toca. Mañana más y mejor. Yo me considero un cómico, está en mi ADN la comedia, el humor y ser feliz haciendo reír a la gente, así que no me puedo perdonar, no me lo puedo permitir, mostrarme decaído, desanimado o roto. Ellos no se lo merecen y yo tengo que brindarles todo mi amor e ilusión.

Me visita gente que no me conoce. Me quedo intentando recordar algún momento que haya vivido con esta persona desconocida para mí en este momento pero no hay nada que me acerque a ellos. Un chico y dos chicas se enteraron por las redes sociales de mi situación y se han acercado a verme para conocer mi estado. ¡Vienen con globos y flores! No me conocen de nada y sin embargo me lo entregan todo. Me dan su cariño, me llenan, esto es inesperado pero mágico. No renunciaría a esto, y gracias, cáncer, gracias, por haber aparecido en mi vida.

Siento que si yo estuviera mal, le haría daño a la gente. No puedo mostrarme frágil ante todo esto. Me siento tan querido, siento tanta buena energía de todos los que se acercan a mí de diferentes maneras, que tengo que corresponderles, pero no por ellos, sino por mí. ¿Cómo ser capaz de contar todo esto sin lograr lo que nadie espera? Entre el intercambio de amores, de esos que yo les agradezco y ellos me agradecen, tengo la intención y la responsabilidad de ser cada día más fuerte. No es una obligación; simplemente sé que es el camino correcto, el progreso que tengo que alcanzar más adelante y, quizá por medio de estas líneas, ayudarlos. Demostrarles que el cáncer es alegría, es entusiasmo y que la vida es esto, caerse para levantarse y volar más alto.

Yo no me considero alguien especial o único. A todos aquellos que se acercan y me escriben contándome su experiencia sobre el cáncer les digo que todo depende de nosotros mismos, que el cáncer es un aviso enorme y gratificante para cambiar el rumbo de nuestra experiencia personal, que la realidad de todo es otra, que podemos ser felices y auténticos y que somos más especiales de lo que nos hicieron creer. Hoy me siento agradecido, por la energía, por los mensajes de aliento continuo, porque me he dado cuenta de que en este mundo existe gente maravillosa, de esa que nunca has visto en tu vida y se acerca a ti para arroparte, para darte ánimos. Las pupilas se te empañan de la emoción, del sentimiento de incredulidad con aires de felicidad, porque nunca lo hubiese esperado y, sin embargo, es hermoso, es hermoso todo esto. Repito que puede ser difícil de comprender, repito que es complicado de asimilar para aquellos que han pasado por esto y no han tenido el mismo resultado. Pero es que yo estoy en medio del proceso y me siento bien. Le agradezco al mundo, a Dios y a la vida esto que me está pasando, porque me ha abierto los ojos, porque no encuentro ni quiero buscar otra manera de tomarme este capítulo de la historia de mi vida. Gracias por todo, por todo esto, a vosotros que sois mi familia y quizás algún día me leáis, me dais vida.

Posiblemente, no, así no, seguramente el cáncer es mi maestro. Porque me ha abierto los ojos, porque ha sido algo espectacularmente necesario. Para darme cuenta de que debía cambiar, que tenía que dar un giro a mi vida. Que no podía vivir y seguir con tanto estrés, con tanta frustración, con tanto aislamiento, con tanta soledad. Que con este ritmo de vida, que va tan de prisa, uno no se da cuenta de que la vida pasa y no nos enteramos, que no la disfrutamos, con paz, con armonía, con amor. El cáncer, que para mí es un concepto positivo y espectacular, me ha hecho tomar conciencia de todo. De la importancia que tiene mi familia, de lo fácil que es expresarse y soltar lo negativo que a veces se guarda dentro; también de la importancia de cuidar el cuerpo, que es el templo sagrado que hemos heredado y si no lo cuidamos nosotros mismos, ¿quién? Es un tesoro; nuestro cuerpo es único y así debemos tomárnoslo. Sigue sorprendiéndome la reacción de la gente y no me arrepiento de nada. Porque sé que a cada uno nos llega todo cuando nos debe llegar. Es así y así será.

La cortisona me hincha la cara, la primera reacción del botellón, pero qué más da. Carmen de Mairena me agradecerá el homenaje y yo me siento feliz.

Después de la primera quimioterapia me dicen que tengo que marcharme a casa: «Tienes las defensas muy bajas y en el hospital hay demasiados virus que pueden llegar a afectarte.» Entre un aire de alegría y pereza se debate mi mueca en forma de sonrisa. Yo estoy contento de poder marcharme pero estoy muy mareado y se lo hago saber. No me encuentro nada bien. Parece que me fui de botellón realmente y bebí como nunca antes, porque el mareo es profundo y nada agradable. Oigo una voz que decide dejarme un día más y yo solo intento dormir. Si los efectos del botellón son la resaca, la boca seca y el malestar, yo me encuentro, además, con la cara hinchada y mareado: digamos que existe una paradoja, como si hubiera vivido una noche loca, pero sin sexo, bastante agitada.

«Sé positivo, que no te dé vergüenza pedir ayuda cuando la necesites. ¡Eres humano!»

Veintiocho de enero de este año tan diferente e inusual. Me voy a casa. Lo primero que se me ocurre es hacerlo público y lo hago. Me voy a casa y solo quiero repartir besos en el alma, besos hermosos y auténticos que llegan a cada uno de vosotros sin pedir permiso. Porque sois vosotros los que me llenáis de alegría, de vida. «Gracias a todos por vuestros mensajes, llamadas, visitas. Me curáis el alma.»

La magnitud de todo esto me hace no ser tan consciente de todo. No doy abasto en responder cada mensaje de todos lo que me escriben, en estar pendiente de cada uno. Es que es tanto todo, tan repentinamente y tan bueno que me siento desbordadamente feliz. Me siento muy contento por salir del hospital y con una sonrisa más grata que con la que entré aquel primer día.

Decido marcharme a mi casa y mis padres vuelven a Campo de Criptana, a su casa. Mi hermana toma la decisión de que me vaya con ella, a su casa, pero yo me siento mejor y bien, y necesito seguir con mi vida, como si nada hubiera pasado. Siempre he estado solo en los momentos más difíciles de mi existencia. Todo lo he pasado de esa manera, para no preocupar ni confundir, o quizá para demostrar algo. Ya se me hizo costumbre pasar por todo lo «malo», y lo pongo entre comillas porque para mí ya dejó de serlo, en soledad. A pesar de este pensamiento mío tan cerrado, sé que me hará bien marcharme a mi casa y reencontrarme conmigo mismo allí. Es lo mejor que puedo tener ahora.

Es jueves, un día que casi nunca fue especial, un día de ensayos previos para lo que se venía. Un día de últimos retoques en el escenario, en el decorado, para prepararlo todo en el teatro. Un día de concentración profunda en algunos casos, de esos que uno se encierra en casa en silencio, intentando estudiar e interpretar para que ningún detalle se pierda. Siempre se espera que pase lo más rápido posible para abrirle las puertas al fin de semana, y se suman los nervios y la emoción de estrenar una obra y darlo todo delante del público, para, aunque no te aplaudan, quedar satisfecho. Sin embargo, este jueves es especial. Me voy a casa después de estos días tan especiales y todo sabe mejor. Creo que nunca una vuelta a casa fue tan auténtica como esta. Volver en estos instantes tiene un sabor especial, indescriptible. Lo único que puedo hacer es compartirlo con todos, con todos aquellos que me escriben constantemente y me dan mucho ánimo.

«Hoy estoy mucho mejor y he tenido tiempo de leer algunos de vuestros mensajes. No tengo palabras. Os habéis volcado TODOS en ríos de cariño, de energía de la buena, de amor, de apoyo, de fuerza... GRACIAS, GRACIAS, GRACIAS!!! Algunos de vosotros sin conocernos de nada os habéis acercado al hospital para darme cariño a raudales, GRACIAS. A todo el equipo de doctores, enfermeros, celadores de la Fundación Jiménez Díaz, a mis compañeros del colegio, a toda mi gente de mi infancia, vecinos, a mis amigos de toda la vida que amo, a los nuevos amigos, a mis primos, tíos, amigos de mi familia, a mi gente que sois parte de mí y SOBRE TODO A MIS SOBRINOS, CUÑADOS, HERMANOS Y PADRES POR SER TAN FUERTES, POR LLENARME DE AMOR. SOIS LA MEJOR FAMILIA QUE PODÍA TENER!!! Todos juntos estáis haciendo que cada día me sienta mejor. GRACIAS DE CORAZÓN!!!! OS LLENO EL ALMA DE BESOS!!! Me gustaría responderos a todos vuestros mensajes pero creedme que son miles. NO OS ENFADÉIS.

Creo que así está bien. Hoy, con tranquilidad, me he puesto a repasarlo todo. A leer los mensajes que me han enviado. Muchos no sé cómo contestarlos. Mientras escribo este mensaje las sensaciones son gratificantes. ¡Es que no sé qué más decir! Solo me siento agradecido. Mi habitación nunca ha estado vacía, todos se han acercado a mí para darme ánimos. Lo más impactante fue la visita de desconocidos, seres que no me conocían de nada pero se implicaron en mi caso, para llevarme regalos. Yo no salía de mi asombro y hoy que tengo la mente más despejada me doy cuenta de lo especial que puede ser todo esto. Gracias otra vez al cáncer por abrirle la puerta a estos ojos tan cerrados que tenía. Gracias al cáncer por despertarme de ese sueño desabrido que yo mismo había construido para mí. Gracias al cáncer porque, repito, es lo mejor que me ha pasado en la vida.

Me doy cuenta de que se me ha creado un club de fans. Gente que está conmigo constantemente enviándome su cariño. Que me dicen que soy el mejor, que soy su ídolo. Que yo puedo, que tengo mucha fuerza. Amor y más amor. Que no me dé por vencido, que soy único. A veces no nos ponemos de acuerdo porque digo que ellos me ayudan a mí y ellos dicen que es al contrario. Os amo, a vosotros. ¿Cómo es posible crear todo esto? No sé, estoy improvisando. Intento ser lo más entregado posible, espero estar haciéndolo bien. ¿Que soy su mejor regalo? ¿Qué responder ante eso? Me dais la vida. Me lo dais todo en cada mensaje, todo.

Le doy vueltas a la cabeza, pero ¡está estática!; esas frases que se dicen dando por entendido que el lector capta el mensaje y se entiende. Es así, pienso y pienso en mi familia. En su preocupación en cada mensaje o llamada. Siento que estarían más tranquilos si estuviera con ellos. Llamo a María José, la capitana de este barco con destino a la superación, y le digo que pase a recogerme para llevarme a su casa. Pasaré el fin de semana allí. Para que todos estén tranquilos y puedan tener la conciencia tranquila. Para quedarme en paz y apartar cualquier fantasma que me proporcione negatividad.

A decir verdad, me siento perfecto. Estos días que paso en casa de mi hermana no tengo ningún efecto secundario. No paro de reír y pasarlo bien con los míos. El teléfono aumenta su ritmo y me tiene bastante ocupado, ya que son muchos los que se preocupan por mí y yo he de darles la tranquilidad de hacerles saber que estoy perfectamente. Recuerdo las palabras del doctor Córdoba, palabras que significan muchísimo para mí, que forman parte de esta encrucijada para dirigirme por el mejor camino, el camino más fácil y sencillo, continuar como si nada hubiera ocurrido: «Esto tiene que afectar lo mínimo a tu vida.» Y así es. Tantas obras de teatro, tantas charlas y encuentros pendientes, tantos desayunos, paseos, almuerzos, sonrisas, cenas, milagros por vivir. Así lo hago y lo haré, seguir, no darle una pizca de margen al cáncer. Como si no estuviera ahí. Debe de ser una regla, una dulce obligación, una autopromesa de esas que no se pueden romper; para conmigo mismo, para mi salud, para no fallarle a toda mi gente, para darle más y buena vida a este nuevo Jorge Lucas que amo más que nunca. ¿Cómo voy a parar quieto? Imposible. Hay mucho por hacer y la vida es maravillosamente bella.

Todo lo que hago en casa de mi capitana lo puedo hacer en mi hogar. Me siento espectacularmente bien y ellos lo ven, así que hoy domingo, decido volver a casa. Me dispongo a leer todos los mensajes que puedo y contestarlos. ¡Casi diez mil mensajes tengo! Esto es increíble. ¿Cómo contestar a tanto amor? Los leo, juro que los leo, pero es que son tantos y uno se siente cansado después de pasar tanto tiempo delante del ordenador.

Recuerdo a mi ángel maravilloso y me pongo a trabajar para mi buena salud con ella. Alimentación consciente. Leo este maravilloso libro donde encuentro muchísimas pautas que voy a adaptar a mi rutina. Mis desayunos a partir de ahora cambiarán completamente. Lo primero es ir a una tienda ecológica. ¡Es hora de cuidar el fabuloso templo que es mi cuerpo! Leo ejemplos de desayuno que pueden ayudarme muchísimo y no solo a mí, sino a todo el mundo, como por ejemplo el siguiente:

DESAYUNO UNO

250 g -1 kg de fruta de la estación. No mezclar frutas muy ácidas con frutas muy dulces.

Un yogur natural con miel y una o dos cucharadas soperas de muesli sin azúcar.

Seis dátiles naturales.

(Muy interesante.)

DESAYUNO DOS

Zumo de manzana o infusión de menta.

Pan integral con aceite de oliva. Añadir tomate bien rojo y ajo picado o cebolla si lo desea.

Una-dos manzanas dulces y no harinosas.

DESAYUNO TRES

Leche de arroz/soja/avena/almendras (elegir una), con cereales o muesli.

Manzanas y/o peras.

Leo ingredientes que se pueden combinar y otros que no. Este libro es una guía maravillosa:

- Alga espirulina. Un complemento ideal para dietas vegetarianas estrictas. Retrasa el envejecimiento de las células y tejidos. Ejerce una acción preventiva del cáncer, sobre todo en fumadores, y participa en la formación de hormonas antiestrés en la sangre.
- Sal andina.
- Aceite de oliva. Alta digestibilidad, ejerce un efecto suavizante y antiinflamatorio sobre la piel y las mucosas, sobre todo a nivel estomacal. Es un laxante suave que facilita la expulsión de parásitos intestinales. Reduce el nivel de colesterol en sangre y es un gran protector cardiovascular, disminuye el riesgo de infartos.
- Quinoa y amaranto. Cereales que no tienen gluten. Niveles nutricionales con mayor cantidad y calidad de proteínas.

- Maca. Recompone el equilibrio físico y mental, mejora el manejo del estrés, actúa como antidepresivo natural, estabiliza la presión arterial, mejora la función tiroidea, es afrodisíaca y aumenta la fertilidad, estimula la inmunidad, alivia trastornos climatéricos, equilibra desórdenes hormonales, calma dolores premenstruales y regula el ciclo.
- Sésamo. Previene el agotamiento nervioso y cerebral. En la sangre mantiene disuelto el colesterol. Es útil frente a problemas nerviosos; agotamiento, estrés, irritabilidad, insomnio, depresión, pérdida de memoria.
- Lácteos vegetales.
- Tónico herbario o ESSIAC. Potencia el sistema inmunológico, desintoxica el organismo y restablece sus niveles de energía. Ausencia de efectos colaterales. Aumenta el nivel de enzimas. Fortalece órganos vitales y evita la formación de cálculos. Ayuda a eliminar infecciones. Alivia las úlceras internas, nutre el sistema glandular.

Pautas de Suzanne, muy importantes. Ella le da mucha importancia a la intención con la cual emprendemos cada acto, sobre todo el de alimentarnos. Son los pilares del método.

Yo las tomo como mías. Siempre me pregunto si lo que voy a comer le va a hacer bien a mi cuerpo. Me pregunto si tengo sed, si debo beber más agua; trato de escucharme con paciencia y tomo decisiones —lo dejo o continúo—, pero siempre con conciencia. Todo este sistema de consumismo, esto de ingerir alimentos y bebidas, ya no me domina; tampoco todo lo externo, como las presiones amistosas, o saciar alguna carencia que sé que no me lleva a nada más que a hacerme daño. Ahora elijo yo sobre todo lo que consumo y digo basta cuando así lo siento. Comienzo a ser otro, otro hombre mejor.

Todo esto puede ser muy divertido: cocinar con alimentos ecológicos y seguir rigurosamente las indicaciones de Suzanne para saber qué debo combinar y qué no, es muy importante. El microondas ya se ha ido a la basura y es una cosa que le digo a todo el mundo. Es un radiactivo, y lo primero que les indico es que se deshagan de él.

Mi querida amiga y actriz Ángeles Albadalejo me recomienda una receta. Hay que poner en el vaso de la batidora tres cucharadas de avena, cinco almendras crudas, diez uvas pasas, dos nueces, un plátano, una manzana, canela, una cucharada de miel, medio jugo de limón, leche (de coco, almendra o arroz) y yogur. Lo mezclo todo con la batidora. Realmente sienta muy bien. Una inyección de energía brutal. Puede ser líquido o espeso, eso al gusto del consumidor. Es importante comer para controlar las defensas. Esta receta es ideal, hoy la he probado y lo seguiré haciendo. Descubro la equinácea, el tofu. Dejo de beber agua del grifo ya que contiene muchos metales. Mis desayunos a partir de ahora cambiarán completamente, no solo los desayunos, mi alimentación durante todo el tiempo.

El pelo no se me cae, se mantiene. Es una leve esperanza, me dijeron que a algunas personas se les cae el pelo y a otras, no. Puedo ser un caso de esos, puedo lograrlo. Sigo con el tratamiento exactamente igual, hoy toca ir a que me saquen bien la sangre. Me imagino que algún vampiro de la Gran Vía de Madrid hoy disfrutará conmigo y yo me dejaré hacer, eso está claro.

Visito al doctor Córdoba, que me sigue tratando con una profesionalidad increíble. Paso la analítica con mucho gusto y salgo a la calle. ¡Cuidado que estoy suelto! Hoy toca cine, que esto no pare. *La chica danesa*. Maravilla. Belleza pura. Eddie Redmayne es un dios, pero sin olvidarnos del trabajazo que hace Alicia Vikander.

Día mundial de la lucha contra el cáncer. Me siento identificado. Estoy en esto. Me echo a la calle a vivir con alegría e ilusión este linfoma. Sonriendo, os digo que podemos contra esta enfermedad, que hay que quitarle todo el peso negativo que tiene, que no lo tiene. Amor del bueno para todos, a tomar conciencia de que esto es un impulso para ser mejores cada vez. Besos en el alma para todos aquellos que pasan lo mismo que yo.

«Este momento es solo tuyo. Disfrútalo»

Seis de febrero de este maravilloso año. Sábado. Hoy he quedado con mi ahijado Iván para llevarle al teatro. Me llama mi hermano Andrés. Me pregunta si ya se me ha caído el pelo. Yo me tiro con fuerza del cabello y le digo que aquí sigue, intacto y en su sitio. Seguimos conversando hasta que decido meterme en la ducha. Tengo que prepararme para ir al teatro. Todo es normal, ningún detalle para resaltar. Me lavo el pelo y todo va bien. Me enjabono y quedo ideal para conquistar, pero he de centrarme, solo voy al teatro. Si alguien se enamora de mí yo no me hago cargo. Delante del espejo me dispongo a darme los últimos retoques. Comienzo a peinarme como siempre lo he hecho, hacia el costado como a mí me gusta, siempre utilizando las manos, pero algo no va bien. Paso la mano por el pelo para corroborar una alerta misteriosa que acaba de aparecer. Esto no puede ser verdad.

Los mechones se me quedan entre los dedos. No lo puedo creer.

Es verdad, es verdad: estoy enfermo. Tengo cáncer. He estado soñando, tengo cáncer. Se me cae el mundo, todo se vuelve pesado. Me siento sin consuelo, me siento en el baño y comienzan a caer las primeras lágrimas. Todo se paraliza y todo se confirma. A pesar de los análisis, a pesar del tratamiento, a pesar de haber estado en el hospital, de las indicaciones de los médicos y de la visita de la gente; a pesar de la hinchazón y de los leves dolores que sentí por la primera quimioterapia, los mareos, las náuseas, a pesar de todo. Ahora caigo, ahora lo siento, tengo cáncer. Lo estoy confirmando. Esto es duro para mí, esto es la realidad. Lloro y lloro. Intento raparme, tengo que darle una forma a esto. Se me hinchan los ojos, respiro resignado. Todo se vuelve oscuro. Me quitan mi aspecto, se lo llevan sin condiciones. Desaparece lo poco que queda de mí, nervios con forma de silencio que me recorren las venas. Esto duele; más que cualquier otra cosa que hayan inventado. No es la caída en sí, sino la ratificación: tengo cáncer.

Ahora lo veo, mientras mis pelos se despiden no tan tristes como yo que los veo marcharse sin haberlos echado. Una prisa tremenda de claudicar, un impulso de rendirme. Necesito llorar, llorarlo todo. Ya lo extraño y apenas se ha ido. Un amigo que está en casa no pregunta ni tan siquiera, al verme se da cuenta solo. No quiero hablar. Sigo llorando y él toma el mando. Me corta el cabello casi al cero. A merced del cáncer.

¡Alto!, tengo que ir al teatro Bellas Artes. Quedé con mi ahijado Iván. Tengo que seguir. No sé si será normal lo mío pero tengo que seguir, no puedo pararme. Me pongo un gorro, hace mucho frío y ahora más todavía. Ni el tiempo tiene piedad de este novato en ser calvo. ¿Me mirarán raro por ir rapado de repente y sin previo aviso? Y mira que a mí me lo dijeron, pero no, no quise creerlo hasta hoy, hasta que ocurrió.

Llego al teatro, saludo a mi ahijado, y para quitarle hierro al asunto y cualquier síntoma de tristeza, me quito el gorro y digo:

—Soy calvo.

Me siento extrañamente bien. No hay vergüenza, no hay malestar. Estoy bien. Me río, paso una noche estupenda disfrutando de la función *Lluvia constante*, con un Sergio Peris-Mencheta y un Roberto Álamo inmensos. Violencia de texto. No se pueden perder estos actores fantásticos. Nace una frase del inconsciente: «Lo que la quimio se llevó.» Nuevo *look*. Quién me iba a decir a mí que después esta frase aportaría muchísimas cosas a mi vida...

Abro un paréntesis.

Ahora que lo pienso, me sentó muy bien que me vieran rapado. Lo veo ahora que lo pienso y me pongo a repasar lo vivido aquel día. La caída del pelo fue el duro golpe de ratificar que realmente tenía cáncer. Me lo esperaba y no, estaba preparado y no; hasta que no lo viví, hasta que no lo sentí, no lo supe. Lloré muchísimo. Fue duro para mí, un momento delicado. Igual que el que viví con mis padres cuando tuve que confesarles que tenía un linfoma y no sabía cómo hacerlo. Estos dos puntos, en este capítulo maravilloso de mi vida, marcaron mucho toda la vivencia. Son importantes porque fueron los momentos más complicados. Por suerte, pude reponerme enseguida y seguir con el entusiasmo y el humor que me caracteriza, ya que no encuentro otra fórmula para continuar.

Tengo que afrontarlo. No me meteré en mi casa a llorar, eso no va conmigo. Ahora entiendo a las mujeres cuando se les cae el pelo. Aparte de ser un símbolo de feminidad, me pongo en su lugar, ya que a mí me tocó vivir algo parecido; es fuerte y las entiendo muchísimo. Pero bueno, ya crecerá.

Ahora quiero pedirle al lector o lectora que esté delante de estas líneas que tome conciencia. Hay organizaciones que recogen pelo, ya que hay gente que lo necesita y es sumamente importante colaborar. Mucha gente, niños con cáncer sobre todo, te lo agradecerá. Es muy importante para mí trasmitirlo: hay que donar pelo. Informaos y será de gran ayuda vuestra aportación. Se puede colaborar a través de distintas páginas en internet y también hay muchas peluquerías asociadas a la causa. En la página web *Pekelucas* se explican muy bien los requisitos para donar. Existen muchas más pero, por favor, ayudad, que hay muchísima gente que lo necesita. Besos en el alma a todos.

Cierro paréntesis.

Noto que el pelo se me sigue cayendo de diferentes zonas de la cabeza, así que decido raparme por completo. De los creadores (que soy yo) de *Lo que la quimio se llevó* llega la esperada (nadie la esperaba) *Ni un pelo de tonto*.

Llego a Málaga, es nueve de febrero. Tengo pendiente el estreno de un nuevo espectáculo y soy parte de su creación: *Mi sentir en Pablo*, en recuerdo a Enrique Morente y a la ciudad de Málaga. Con la compañía de flamenco de David Martín. Yo recito textos del poeta granadino Juan de Loxa. Para mí es muy especial venir a Málaga; es una ciudad maravillosa. Durante toda mi estancia en el hospital, a pesar de todo lo vivido (y no es un pesar, sino un regalo), he estado estudiando el texto. Es verdad que dudé si podría llegar a estrenarlo. Estar allí sin saber cómo iba a reaccionar mi cuerpo ante el procedimiento me tenía un poco inquieto. No lo he dicho antes porque me gusta ir paso a paso y darle importancia a cada hecho a medida que se acerca, aunque la descripción sea imprecisa, ya que, a medida que pasan los días, me doy cuenta de cosas que ya han sucedido y tengo que volver atrás para arreglarlo. Enseguida me dije a mí mismo: «Oye, búscate la vida, que tienes que llegar.» No sé si gracias a mi vitalidad o a mi forma de ser —no tengo ni idea de cómo definirlo— lo conseguí. Estoy en Málaga y voy a estrenar la obra. El cuerpo de baile está preparado, tienen cuidadosamente estudiados todos los detalles. Solo faltaba que llegase el calvo y aquí estoy. Comienzan los ensayos para unir la última pieza que falta, yo.

Once de febrero, mañana se estrena la obra. Me miro en el espejo, a veces hago estas cosas, me saludo y me pregunto qué tal. Descifro cada zona de mi rostro, empiezo a acariciarme la barba y pienso que quizá sea mejor quitarla, no porque quiera o se me hayan cruzado los cables, sino porque también se me está cayendo. No hay tiempo para más. Tengo que afeitarme. De los creadores (sigo siendo yo y no es que tenga personalidad múltiple) de *Lo que la quimio se llevó* y de la exitosa *Ni un pelo de tonto* llega la divertida *Sin barbas y a lo loco*. Ya en cines. ¡Qué maravillosa trilogía acabo de inventar! Parece que estoy convirtiéndome en el Jorge Lucas americano. Esto no quedará aquí.

«El cáncer no es tu enemigo, el cáncer es tu maestro. Es un proceso de evolución»

Doce de febrero. Llega el día, el gran día del estreno. En el ambiente se palpa mucha tensión. Se sienten los nervios que siempre hay antes de comenzar este bello proceso. Nunca se pierden. A pesar de los años y de la experiencia, hay cosas que nunca cambian. Los nervios previos. Uno trata de respirar, tranquilizarse y concentrarse en su papel, pero el cuerpo es así, más aún cuando miro a mi alrededor. He de sumar que me siento muy cansado y eso aumenta mi nerviosismo. La quimioterapia me pasa factura.

Subo al escenario y la tensión se relaja. Todo desaparece. El escenario me da una gran tranquilidad y bloquea cualquier dolencia. El dolor se borra, la magia del teatro es muy grande y puede contra todo. Mientras estoy ahí el cansancio y el nerviosismo se esfuman, no siento absolutamente nada de malestar.

Se levanta el telón, todo se parece. El Jorge actor que llevo dentro se abre paso, se apodera de mí y comienzo a darlo todo, como siempre, para volver a ser feliz. Comienza el espectáculo. Mucha de la gente invitada sabe mi situación, hay una ovación brutal. Los aplausos son explosiones de luz. Los recibo con amor y entre suspiros de emoción trato de mantenerme; soy un profesional y debo hacer mi parte lo mejor que pueda. Los aplausos cesan poco a poco. Intento agradecerlos con la mirada, pero en ese momento la única forma de agradecerlos es mostrando lo mejor de mí. No es el momento de llorar ni de emocionarse. Voy a darlo todo, todo, todo.

A medida que avanza el espectáculo, los números musicales, me voy sintiendo mejor, mejor y mucho mejor. Siento al público respirar, vibrar, siento el cariño constante de cada uno de ellos. Siento sus emociones, sus agitaciones. Termina el espectáculo. Puedo asegurar que es tanta la tensión que esto no termina aquí. David Martín le habla al público. Dice que tiene que darle las gracias a mucha gente y pide: «por favor, el aplauso más grande es para mi hermano del alma: Jorge Lucas. Sin él, no hubiera sido posible este espectáculo; y por el gran esfuerzo que ha hecho esta noche por estar aquí». Me vengo abajo, el público de pie aplaudiendo y yo como un niño desconcertado no puedo más y lloro de la emoción. Abrazos con mi hermano del alma, esta es una noche mágica, muy emocionante.

Es tanta la emoción que puedo sentir el corazón saltando de alegría ante cada estallido de los presentes. Intento ser cortés y ante mi silencio el absurdo intento de mantener las formas, todo se sale de mí. Parece ser que esta noche dispusieron el ingrediente maestro de la magia para que yo me rompiera en varios trozos de alegría, para que al instante pueda reconstruirme y ser capaz de sonreír, sentir el tacto de todos, como si no hubiera un mañana. Es tanta la emoción que no hubiera creído nunca que pudiera caber dentro de mí, pero así es. Y todo esto se lo debo al cáncer, porque es una gran manera de demostrarme que la vida es hermosa y que cada día decido vivir más y más. Siento la gratitud de todos aquellos que están aquí. Gracias, gracias, gracias. Cuando digo que son muchas cosas es que... son muchas cosas. He conseguido cumplir mi promesa, estoy aquí. He cumplido. Lo he conseguido.

—Este estreno se lo dedico a María Pineda, desde el cielo ella estuvo conmigo todo este tiempo y ahora sigue estándolo.

Hay muchos conocidos. Nuevamente, ovación descomunal que no cabe en este libro.

Toda la compañía se va a celebrar el éxito. Yo hago acto de presencia. Me divierto, me río, me hago fotos, pero poco a poco me doy cuenta que no puedo seguir el ritmo de los demás. El cansancio ha vuelto y algún dolor que otro también. Decido despedirme lo más educadamente posible. Me quito los zapatos, observo que tengo varias uñas de los pies moradas. Me resigno a descansar. Silencio que dice muchas cosas.

Cada uno de los presentes se llevó algo de mí, se llevó mi versión. Les entregué todo aquello que supe ser en ese momento tan especial para mí: estar encima del escenario. Aplausos grabados en mi piel, miles de agradecimientos, palabras de aliento, varios adioses bienvenidos y silencio. Silencio que dice muchas cosas. Duermo agotado, satisfecho y feliz. Hemos creado un espectáculo bello, con mucho cariño, dedicación y respeto, sobre todo. Con amor e ilusión. El público lo recibió tal cual como lo esperábamos, o mejor todavía, con tantas emociones, fue incluso mejor.

Llega el momento de disfrutar de los espetos en la playa, algo que intento hacer cada vez que vengo a Málaga. Es una promesa, esté diluviando, caigan pingüinos del cielo o estemos a cuarenta grados. Alfonso, Esther y Ángela, que es mi ángel, me acompañan en este día maravilloso. Trato de disfrutar lo mejor que puedo y así lo hago. Me reencuentro con mucha gente a la que quiero mucho, como Emilio Molina, el novio de María Pineda. Hago mis rituales en la playa, hablo con amor y es maravilloso. Mojo mis amuletos, respiro profundamente y le agradezco al viento, al mar, al día, todo lo que me pasa. Llega la hora de volver a Madrid, tengo que seguir con el tratamiento.

Segundo gran botellón, lo afronto con mucha serenidad. En el primero tuve días regulares, con mucha fatiga y dolores, pero no ha sido para tanto. Ahora estoy más tranquilo. Vuelvo a irme de botellón con fuerza e ilusión.

Una reflexión: cuando uno tiene cáncer, le toca vivir esta experiencia. La gente se acerca y cuenta con la mejor de las intenciones sus conocimientos sobre la materia. No sé si es porque yo enfatizo mucho, sobre todo en relación con mi situación, o porque estoy muy abierto a recibir cualquier pensamiento en voz alta de quienes quieran expresarse. Recuerdo frases como estas: «¡Uy!, ya verás, vas a tener dolores, vas a vomitar.» Parece que todo es tremendo, yo escucho y sonrío. Lo sé todo, lo vivo y puedo asegurar que no es tan fuerte ni tampoco hay que dramatizar.

Todo está en la cabeza, en la intención con la que se emprende este sendero. No quiero decir que a todos nos tiene que pasar lo mismo; todos lo vivimos de diferente manera, ya que somos seres únicos e inigualables. Hablo de mi caso con el mayor de los respetos. Puedo coincidir en algunos efectos pero no en todos. A aquellos que comentan situaciones que han visto en terceros, les digo que no les den tanta fuerza a esas palabras. Escuchadlos como yo he hecho y tomáoslo incluso con humor. Cuando recibáis este tipo de cosas, haced como si no hubierais oído nada, porque alimentaréis esos síntomas. Como dijo Suzanne, lo contrario del miedo es el amor y hemos de recibirlo todo con amor. Es absurdo angustiarse, es absurdo prepararse, adelantar acontecimientos. Se pierden sonrisas, besos, miradas, buenos momentos. Vívelo tal y como es.

Yo siento hormigueo en los dedos, me patinan cuando quiero escribir en la pantalla de la tableta y el teléfono no me reconoce la huella digital, y no pasa nada. Me encuentro con un nuevo síntoma y espero con ilusión algún otro. No hay nada que me detenga. Vivir todo tal como llega, sin darle importancia. Mucha gente hace todo este tipo de comentarios con su mejor voluntad, no por meterte miedo, pero lo hacen. Y no pasa nada. Recuerdo a Adolfo, el marido de Dioni, amigo de mis padres, que me dijo un día en el hospital:

—A ver si te pones bien, si todo se soluciona. Esto lo tenía la hermana de mi nuera. Estaba muy bien... bueno, luego empeoró... bueno, luego se murió.

¡Increíble! Me reí un montón. Como Adolfo, otras personas se han soltado a reflexionar de esta forma y yo solo podía reírme, siempre con respeto. Otra señora me dijo:

—Te deseo que te recuperes. Eso lo tenía mi marido. Lo enterramos la semana pasada.

Es total. La gente es mortal y agradezco sus comentarios, pero yo no tengo tiempo para morirme. No me viene nada bien. Pasad de estas cosas, concentraos en vuestra vida, que tiene que seguir, porque hay mucho por hacer.

Me llegan miles de mensaje que me llenan el alma. «Te envío toda la luz y la energía que necesites.»

«Sonreír es la mejor medicina que puede existir. Recuerda aquellos momentos buenos del pasado y piensa en todas las cosas buenas que harás cuando estés bien.»

«Ni tú mismo sabes la fuerza que guardas en tu interior, nunca tengas miedo a sacarla y avanzar en la vida.»

Son muchos. Palabras que me aportan todo lo que necesito para ya estar curado en mi interior y en mi mente. Palabras que se adhieren a mí, que llevo conmigo y que solo puedo agradecer. Para darles alegría, para hacerles sentir bien, para que ellos estén orgullosos, solo puedo centrarme en mí. Continuar con mi vida y amarme tanto y como nunca antes lo hice, sonreír, darle alegría a todo esto. Mirarme en el espejo y comerme el mundo. Primero yo, actitud positiva, para que todos aquellos que se preocupan y siempre me escriben estén bien. Si quiero hacerlos feliz primero debo hacerme feliz a mí mismo; visualizar la curación que ya ha llegado a mí; imaginarme en el día que ya todo haya pasado y el nuevo Jorge Lucas siga creciendo aún más. Esto es lo que hago y voy a hacer, primero por mí, para hacerlo por todos vosotros.

Diecinueve de febrero. Al acabar el segundo gran botellón me encuentro tan bien que decido irme a visitar a mis padres. Volver a ver a mis amigos de Campo de Criptana me hace ilusión, pero más ilusión me hace estar con mis padres. Hablar con ellos y hacerlos partícipes de todo lo que me va ocurriendo. Es viernes y llego al pueblo. Mis padres me reciben con amor y yo empiezo a no encontrarme demasiado bien. Me refiero a que me encuentro bastante cansado y tengo algún mareo que otro. Al parecer la segunda quimio ha sido más fuerte que la primera y ya empiezo a notar los efectos. Me siento muy cuidado, me miman, me preparan comidas ricas, con mucho cariño. Es imposible compararlas con la del hospital. No quiero desprestigiar el servicio de comidas de allí, aunque todo me supiera a metal, pero me quedo con mi madre siempre y su gran mano en la cocina. Es domingo y no me he movido de casa de mis padres, ni siquiera he visitado a mis amigos. Los síntomas continúan como el viernes y se apodera de mí la preocupación. Tengo que ir a Urgencias al hospital y resulta ser un camino bastante largo. Si me voy a casa y ocurriese algo, en menos de diez minutos llegaría. Por precaución, decido volver a casa. Creo que es lo mejor, no puedo arriesgarme. Vuelvo a Madrid, a mi hogar.

A pesar del malestar continúo con mi vida. No suspendo mi actividad. Vuelvo a ir al Teatro de la Comedia a ver una arriesgada y transgresora obra, una versión de *Hamlet* muy diferente a la que todos conocemos interpretada por la compañía Kamikaze. Siempre he dicho que por un lado estamos los actores y luego están los kamikazes. Para mí ellos son la mejor compañía de teatro que hay en este país. Espero algún día ser uno de ellos.

Sigo recibiendo agradecimientos y energía de la gente a través de las redes sociales y yo les envío besos en el alma. Sigo mostrándoles mi día a día y todos me alientan a que siga así. Participo en la presentación del libro *Kaos* de mis amigos Marcos Moreno Pons y Claudio de Prado. Una joya preciosa por la que les doy la enhorabuena. En la presentación recito textos del libro.

Mis desayunos, mi alimentación consciente sigue en pie. Me divierto mucho cocinando con productos ecológicos. Me hago mi batido especial todas las mañanas y cambio la intención cada vez que me siento a comer. ¿Qué quiero decir con esto? Ahora como más tranquilo y relajado. Saboreo la comida, mastico con calma. No importa el tiempo que pueda tardar; yo lo disfruto y así es como mejor me sienta. Todo ha cambiado y para mejor. Evalúo mis progresos y me siento muy a gusto. Evito fritos, alimentos procesados, sustituyo la leche de vaca por leches vegetales, dejo el agua del grifo, los embutidos, el consumo de grasas saturadas, combino mis alimentos correctamente con una dieta disociada. Celebro el acto de comer. Del microondas ya me olvidé.

Juan, que me presentó a Suzanne, me abrió las puertas a un espacio tan importante e ilustre en mi vida y me regala el nuevo libro de ella: *El cáncer: Una guía sencilla y práctica*. Leo en la cubierta:

¿Cuál es la causa del cáncer? ¿Nuestros pensamientos? ¿Los alimentos que tomamos? ¿La toxicidad ambiental? ¿Los campos electromagnéticos? ¿Las geopatías? ¿Por qué no tener en cuenta todo ello? Esta es la premisa que Suzanne Powell nos presenta en esta obra sencilla y práctica, en la que identifica cada posible problema y nos ofrece la correspondiente solución. La autora nos invita a tener en cuenta todos los factores y a llevar un estilo de vida esencialmente anticancerígeno. Sus planteamientos son tan asequibles que cualquiera los puede incorporar a su vida, y al mismo tiempo tienden un puente entre la medicina alopática y la medicina natural y energética. Suzanne nos muestra que podemos aventurarnos sin miedo más allá de lo conocido en busca de soluciones que nos permitan atajar no solo la manifestación del problema, sino también su raíz. Este es un libro que arroja luz, ofrece esperanza y brinda herramientas. Y, lo que es más importante, tiene el potencial de dar la vuelta al inconsciente colectivo en relación con el cáncer, para que no lo veamos ya como un verdugo sino como un maestro que nos puede despertar a la Vida.

Lo dejo en la mesita de mis cosas pendientes, aquella donde descansan varios libros. Tardo dos días en poder sentarme a leerlo, o acostarme, es un misterio, ya que continúo con mi vida, viendo a mis amigos, trabajando y hablando con mucha gente. Es de noche y me meto en la cama, por fin me dispongo a leer este maravilloso libro. El texto de la cubierta me ha motivado. Sigo leyendo y no puedo dejarlo, es imposible parar de leer, todo este libro me está tocando en el fondo del alma. Elegir el amor, afirmar mi sanación, cancelar el pesimismo, no renunciar a vivir, ser reflexivo, ser tolerante conmigo mismo, inspirarme (¡pero si he sacado tres películas!), ejercer la gratitud, ser valiente, el poder de la creencia, el amor incondicional, despertar por el amor. Todo esto se incorpora a mi nuevo estilo de vida, a cómo estoy llevando todo esto. ¡Este libro forma parte de la certificación de que lo estoy haciendo bien! Me siento emocionado y agradecido. Inconscientemente he empezado a comportarme con esas pautas antes de leerlas. Me enorgullezco de mi entereza y me lleno de fuerza para continuar con todo esto. Es un alivio impresionante.

Más pautas: no te consideres un enfermo, no sigas una dieta para no tener cáncer, tómate tu tiempo para preparar platos a conciencia, aprende a escuchar a tu cuerpo, no comas con prisas. Combina de forma adecuada los alimentos: almidones y féculas con ácidos; proteínas fuertes con almidones fuertes; frutas dulces y azúcares con proteínas; azúcares con grasas; frutas muy dulces con otras muy ácidas; verduras saladas y amargas con frutas muy dulces; aguacates con fruta dulce y azúcares; tomates con frutas muy dulces o muy ácidas; dos féculas o almidones distintos en la misma comida; dos proteínas de distinta naturaleza.

Soy muy feliz, recomiendo encarecidamente la lectura del último libro de Suzanne Powell, la vida es maravillosa con gente como tú, Suzanne. Os lleno de amor a todos.

Recuerdo las pastillas que ella me había recomendado. Este libro es la orden de comenzar a tomar cardo mariano, uña de gato y *Bifidus*. Sé que los médicos dicen que no. Mantuvieron una postura bastante cerrada a conocer este tipo de medicina natural. Ni tan siquiera se molestaron en informarse o descubrir los efectos buenísimos que tiene para el cuerpo. Lo descartaron sin más. Yo apuesto por una apertura de conciencia más amplia y no descartar absolutamente nada que nos haga bien. El debate en mi cabeza acaba con el libro que acabo de leer, es una señal que no esperaba y hoy ha llegado a mí. A partir de hoy comenzaré a tomar estas pastillas. Tengo que ayudar a los riñones, al hígado y al colon. Escucho a mi cuerpo y me lo pide, escucho a mi templo y me lo reclama.

Automáticamente le envío un mensaje a Suzanne: «Soy muy feliz, afortunado, por tenerte en mi vida, gracias por el libro que a mí me ha ayudado tantísimo.» Y es que es así, el alivio y la paz que ahora siento es reconfortante. Este es un libro que debería leer todo el mundo, tengas o no tengas cáncer. Para crear consciencia, para saber cómo comportarse realmente ante un caso de este tipo, para saber cómo tomarlo, los pasos que hemos de dar, las conclusiones y, lo más importante, la tranquilidad y la serenidad con que se debe vivir todo esto. Elegir la vida por delante de todo. Debería de ser una lectura obligada en los colegios, para enseñarnos desde pequeños cómo es la realidad y cómo hemos de afrontarla. Es una gran ayuda para aquellos familiares y amigos que tienen algún conocido o alguien con cáncer. Los ayuda a modificar hábitos, como reducir el uso de aparatos electromagnéticos, sobre todo en el dormitorio, y los productos químicos que utilizamos diariamente, como los suavizantes, detergentes o hasta los perfumes. Te informa sobre qué estamos haciendo y cómo lo estamos haciendo, para corregirlo.

Esta noche he acabado con el libro. Ha sido mágico. Hace tiempo que no me metía en la cama tan motivado. Tomo las pastillas y automáticamente me siento muy bien, me hacen sentirme muy fuerte psicológicamente. Esa duda de tomarlas o no desaparece. Siento las gracias de mis órganos, mi cuerpo, mi templo sagrado me lo agradece y yo duermo con una sonrisa descomunal.

Hablo por teléfono con Suzanne, la conexión que tengo con ella es especial. Me siento muy comprendido y arropado. Eso me ayuda mucho, sobre todo para desahogarme y sentirme a gusto. Le agradezco nuevamente el libro y nos reímos mucho.

Recibo regalos que son maravillosos. Tres ilustraciones mías que curiosamente las habían hecho antes de que todo esto me ocurriera. Le doy las gracias con toda sinceridad a Rafa Doctor. Yo valoro mucho este tipo de detalles, que me regalen obras, libros, todo este tipo de arte, que forman parte de ellos mismos. Lo tomo con mucho respeto y alegría.

Sigo yendo al teatro, repito que mi vida continúa. Me encanta ir a ver a mis compañeros trabajar. Nunca he dejado de ir al teatro, me encanta. Por el hecho de tener cáncer, y sin quererlo, alientas en la gente una sensibilidad que es admirable. Me tratan con mucho cariño, me hacen sentir uno más de la compañía.

«No dejes que el cáncer te domine.
Contrólalo tú»

Veintiocho de febrero. Es un día especial, no es un día común. Hoy todo se tiñe de verde, esperanza, arte, amor y fiesta. Es el día de Andalucía. Mi corazón es andaluz. Me siento andaluz. Amo Andalucía, amo Sevilla. La ciudad donde más feliz he sido. Cuando llego a la estación de Santa Justa me relajo. Ahí me siento en mi hogar, todo me sabe tan familiar que parece que hubiera nacido aquí. Algo de mí en algún momento recorrió y se impregnó de toda esta magia sin que yo lo supiera. O mientras dormía o justo antes de nacer, porque es reencontrarme con toda esta maravilla y me siento en casa. ¿Cómo es posible? Será que es adaptada a mí, a lo que soy, a mis gustos, a mis creencias, a mis sonrisas, a mi bienestar. Cambia mi rostro y yo lo siento. Me siento integrado, me siento uno más, un andaluz más. Pinto en un papel la bandera verde de Andalucía de mi alma, de mis huesos, de mis amores. La cuelgo (y no en la cuerda) para compartirla y felicitar a todo el mundo.

Recuerdo que hay un ritual que siempre hago cuando llego a Sevilla. Es necesario. Voy a ver a la Virgen Esperanza Macarena, ubicada en el barrio de San Gil. Siento una gran devoción por ella; por eso siempre voy a visitarla, a besarla y a permanecer en silencio el tiempo que me sea posible para estar con ella.

En Sevilla tengo grandes amigos, es una ciudad en la cual no necesito hacer nada. Imagino hoy cada balcón con la bandera de Andalucía y las actividades en los colegios. Cuando estoy ahí no necesito ir a grandes restaurantes, no necesito visitar lugares específicos, no necesito nada. Simplemente, meterme en sus calles, dejarme llevar por todo lo que hay a mi alrededor, todo llega a mí y eso es suficiente. La última vez que estuve allí llamé a mi madre para contarle lo feliz que era en aquella ciudad. Son muchas cosas... El día en que me toque partir y ya no esté aquí, mi deseo incondicional es que se tiren mis cenizas desde el puente de Triana (puente de Isabel II). Cuando paso por allí siempre canto esta sevillana:

Cuando paso por el puente, Triana,
contigo vida mía, Triana,
contigo vida mía,
pa' mirarte solamente, Triana,
me muero de alegría.

Porque tienes unos ojos, Triana,
igual que dos luceros, Triana,
igual que dos luceros,
y una clase de hechura, Triana,
que vale el mundo entero.
Si por otro me dejaras, Triana,
de pena moriría, cariño.
Te quiero y te querré.
Eres mi norte y mi guía, Triana.
Triana y olé.

Se ha convertido en un ritual. Me quedo mirando la Giralda, el campanario de la catedral de Santa María de la seo de la ciudad, hasta el cansancio, hasta que ya me es imposible. Observar cada centímetro de todo es importante para mí. Cada vez que me marcho, me voy con una sensación de tristeza. Mi gran consuelo es saber que volveré nuevamente. Siempre volveré y aunque no esté allí físicamente en un día como hoy, todas mis energías y vibraciones están allí, en mi casa. Mis amigos andaluces coinciden en que soy mucho más andaluz que ellos. Yo me río mucho pero me enorgullecen esas palabras. Se quedan muy sorprendidos a veces de la forma que amo, miro, siento y hablo de Sevilla en especial. Me cambia todo, pierdo lo que era y comienzo a encontrarme con el acento que tanto me gusta. Es automático: decir Andalucía y, sin pensarlo, ya hablo como todos ellos. Durante todo este maravilloso día, recibo felicitaciones de mis amigos. Me felicitan a mí, yo que no tengo nada que ver con Andalucía, pero saben realmente cómo vibro con este día y lo especial que es para mí. No paro de recordar, todos son momentos bonitos que voy a volver a revivir, pero con mucha más fuerza y energía.

Una de las noches que estuve en el hospital me costó muchísimo dormirme. Entonces, una chispa de luz acudió a mí y me acordé del programa *Pasapalabra* de Telecinco y se me ocurrió un acto bonito: raparme en vivo. Consideré que era una buena idea para mostrar mi cara pública ante el linfoma y ver cómo se puede salir de ello y que al cáncer hay que darle alegría. Llamé a la productora y les comenté mi idea. Días más tarde habían aceptado mi propuesta, ya que les pareció muy buena idea. Sin embargo el destino tenía otros planes. Ya estaban preparados los días de grabación cuando el presentador Christian Gálvez, buen amigo mío al que quiero muchísimo, cayó enfermo y suspendieron todo hasta su recuperación. Cuando volvieron a llamarme, hace solo unos días, ya había llegado aquel sábado que nunca olvidaré y el pelo se me había escurrido sin pedir permiso. A pesar de todo, decidí ir, así que mañana estaré camino de los estudios de Telecinco para divertirme y contar con toda mi alegría lo que estoy viviendo.

Estoy muy contento de volver aquí. Voy camino de *Pasapalabra* y se lo hago saber a mis seguidores; muchos esperan con entusiasmo ver lo que allí ocurre. Creo que *liarla* es lo mejor que puedo hacer. Estoy nervioso, pero todo saldrá bien, de eso estoy seguro. Llego y recibo el cariño del equipo. Tengo una relación muy especial con todos ellos. No es la primera vez que asisto ni tampoco será la última. Hablo con Christian. Cuando alguien va a *Pasapalabra* es para promocionar algo, algún proyecto, el lanzamiento de un nuevo disco, una obra de teatro que se va a estrenar o un nuevo libro, por ejemplo. Pero yo no quería promocionar nada y se lo dejo claro a mi buen amigo; le digo que a pesar de estar representando la obra *Mi sentir en Pablo*, de lo que quiero hablar es del cáncer. Él respeta mi decisión. Estamos muy de acuerdo y seguimos con los preparativos.

Llega el momento de grabar. Los días ocho, nueve y diez de marzo se podrá ver públicamente. Christian nos saluda a todos y nos da la bienvenida. Yo espero pacientemente mi turno hasta que me toca.

—¿Cómo te encuentras?

—Pues estoy muy bien. Pasando una etapa de mi vida un poco complicada con el cáncer. Hay que decirlo así, por eso este nuevo *look* que tengo. Me quise rapar y me pregunté qué título podía ponerle. *Lo que la quimio se llevó* —risas— o *Sin un pelo de tonto*. Nada, estoy muy bien. Pero tengo algo muy importante que decir y es que quiero dar las gracias a la Fundación Jiménez Díaz, a todo el equipo de médicos del doctor Córdoba, que me están cuidando y mimando de lujo; y sobre todo a la gente que me está escribiendo por Facebook, por Instagram. Gracias, gracias de corazón porque no sabéis lo que me estáis ayudando a superar esto. ¡Y que lo voy a superar pronto! —Olé y olé, aplausos del público.

—Déjame que te diga algo personalmente: que tardé en darme cuenta del corte de pelo. ¿Sabes por qué? Porque tienes una sonrisa preciosa, tío, y no la has perdido nunca. —Más aplausos y olé, olé y olé.

—No la voy a perder —le contesto—. Todo esto es lo que veo yo.

»Una cosa, en esta prueba, ¿qué hago? —Mientras dirijo mi atención al pulsador que tengo delante, exclamo—: ¿Pulso esto o me pulso yo? Hombre, ¡claro!, es que no sé. Si haces así... —Risas—. Esto es muy complicado, esto es muy serio. No sé de qué coño os reís. —Más risas—. He decidido llevarlo todo al humor.

Lo que la quimio se llevó. Durante la grabación me siento muy bien. Siento que lo que hago y con la actitud que lo hago es ideal. Nada sale mal y todo fluye de una manera especial. Con muchas risas, muchos aplausos y mucho humor. Es verdad que comencé un poco nervioso, pero a medida que avanza me siento cada vez mejor.

Entre programa y programa (cuando vas a *Pasapalabra* grabas tres) la gente del público viene a saludarme. Se acercan a mí para felicitarme por cómo estoy tomándome todo esto y para agradecerme el buen rato de alegría que les hago pasar. De repente, como artista, todo surge en el momento. Es la improvisación. «Madre mía, cuando dijiste lo de me pulso yo o pulso esto. ¡Cómo me he reído!» Yo me siento agradecido.

Grabo el programa con otros tres grandes artistas, Angie, Shaila Durcal y Sergio Pazos. Los tres se comportan como seres sencillos y fantásticos. Me toman un cariño enorme. La sensibilidad que recibo de Shaila es especial, por lo que tuvo que vivir personalmente. Y Angie también, su padre falleció de la misma enfermedad. Están contentas y volcadas conmigo y yo se lo quiero agradecer en este libro tan improvisado que intento contar.

—Hay que ser superpositivos. Gracias, gracias de verdad a todos los que me escribís por las redes. No quiero ser pesado. Me ayudáis muchísimo y de esto me voy a curar. Gracias a vosotros.

—Jorgito, ¿qué te depara el futuro, amigo?

—Pues me depara curarme primero.

—Pero eso no tiene cura —agrega una voz que sin obstáculos me señala haciendo alusión a mi alegre locura. Yo respondo continuando con el asunto principal.

—Que sí, hombre, sí, te digo yo que sí. Sobre todo quería decir que el cáncer no es muerte, que al cáncer hay que darle alegría. Hay que ser superpositivo.

Este es el mensaje que quiero transmitirles a todos. Que de esto se sale. Y para completar, me visto con un jersey que pone en duda una indecisión constante en este día: «No sé si enamorarme o irme de *after*.» Por fin llego a casa. Estoy muy cansado, una jornada llena de buen humor y alegría. Hoy duermo feliz.

Lara Dibildos, mi hermana del alma, me regala unos

calcetines en los que pone: «Contigo... al quinto pino.»
Nos conocimos en 1991 porque iba al programa *Telecinco ¿dígame?* a visitar a su madre, la gran Laura Valenzuela, la primera presentadora de televisión en España. Hubo una buena conexión entre nosotros, pero la vida nos llevó a cada uno por caminos diferentes. Cada vez que nos encontrábamos había muy buenas conexiones, una química especial. He de agradecerle que haya asistido a todos mis estrenos teatrales. No se ha perdido uno. Siempre estuvo ahí y para mí eso era importante; por diferentes razones, no importaban cuáles, asistía. Hace unos seis años, comenzamos a tener una relación más estrecha. Poco a poco fuimos siendo confidentes y a tomarnos un cariño cada vez más inmenso. Recuerdo que siempre me ha invitado a sus cumpleaños y no he podido asistir a ninguno, no porque no quisiera, sino porque estaba trabajando en esa fecha tan especial para ella y no he podido nunca ni hacer acto de presencia; es una cuenta pendiente que seguramente solucionaré.

Pero el destino tenía otros planes. Todo surgió sin que lo supiera, sin que lo planeáramos. Se dio la casualidad de que nos tocó trabajar juntos. Hace dos años comenzamos a trabajar juntos en la obra *Diez negritos*, de Agatha Christie, un clásico de la maestra del suspense. Se trata de una versión nueva fiel al texto original, en la que todas las muertes suceden en el escenario. Una obra que vendió más de cien millones de copias hasta el momento, lo que la convierte en la novela de misterio más vendida de la historia. Anteriormente surgió la posibilidad de trabajar juntos pero aún no era el momento; en cambio, esta vez sí. Estuvimos en varias ciudades con la obra antes de entrar a Madrid. Luego, cuando llegamos a la capital, estuvimos nueve meses en cartel. Descansábamos los lunes, el resto de la semana estábamos juntos. Comenzaron las giras y todo se vuelve diferente. Ya no es lo mismo llegar al teatro, vernos, actuar, compartir algún comentario y marcharse a casa. En la gira todo cambia. Convives con tus compañeros todo el día. Compartíamos apartamento ella, Diego Morelo y yo, pero siempre nos quedábamos solos ella y yo. A partir de aquel momento, las confidencias, las charlas sobre cosas íntimas, compartir opiniones, aconsejarnos... todo fue creciendo entre nosotros. Poco a poco se convirtió en una persona esencial y necesaria en mi vida, mucho más que una amiga.

Cuando me detectaron el cáncer fue una de las primeras personas a las que llamé y automáticamente vino a por mí. Ella pasó por lo mismo, con solo veinte años le detectaron un cáncer de tiroides. Tuvo la gran ayuda de su familia, que le echó una mano para salir adelante, y el apoyo moral para tener ánimos de querer salir adelante lo tuvo por parte de todos ellos, sobre todo de su madre. Ella es un buen ejemplo de que se puede. ¡Sí se puede! Ella pudo superarlo. Me dice que esté tranquilo, que todo va a ir bien. Que lo que necesite que no dude en pedírselo. Encuentro en ella un apoyo incondicional. Tanto es así que ahora nos llamamos hermanos. Es mi hermana del alma y ella me dice hermanito. Nacimos el mismo año, con solo veinte días de diferencia, por lo que entre risas regañamos sobre quién es más viejo, tanto que ahora mismo no recuerdo si ella es mayor o yo. Quedará en incógnita.

En octubre yo había comprado la entrada para viajar a Londres y ver el espectáculo *Sunset boulevard*, con mi admirada Glenn Close. En esa ciudad tengo una pareja de buenos amigos, muy especiales para mí, que me invitan a su casa. Cuando estábamos en Málaga, en la gira, le comento que voy a Londres. De la nada surge otro chispazo, se enciende una lamparita y le digo que se venga conmigo.

—¿Cómo? No, son tus amigos, no los conozco. No puedo presentarme en una casa a molestar así.

—No te preocupes, tú te vienes conmigo donde haga falta, eres mi hermana del alma.

Hablo con mis amigos, ellos me conocen muy bien y saben que no llevaría nunca a nadie que pudiera ponerme en un compromiso, que no sea de mi absoluta confianza. Yo soy muy respetuoso y no se me ocurre invitar a nadie que no sea especial.

Cierro los ojos y pienso en lo afortunado que soy.

«Reacciona con humor, no te preocupes, es tu vida. Tú eres el director de esta película»

Ocho de marzo. Llegan los días clave en los que se emitirán por televisión los programas. Mucha gente comienza a enterarse. Los que no sabían nada me envían mensajes, algunos sorprendidos, otros preocupados. Yo intento tranquilizarlos: la imagen que di en el programa es la real, yo soy así hasta cuando estoy solo. La magnitud de todo esto crece poco a poco, cada vez más. Personas que nunca antes había visto intentan acercarse a mí por medio de las redes sociales. Mi club de fans no para de escribirme y agradecerme que les dé luz y vida.

Me acuesto tarde, intento ver películas, mañana es el tercer botellón y la duración de la quimioterapia es larga, unas seis horas, y me gustaría pasarlas durmiendo. Si me acuesto tarde, mientras contesto mensajes y miro alguna que otra película podré dormir plácidamente mientras dure el proceso. Es una forma de administrar de buena forma mi amado tiempo. Otra vez cierro los ojos con una grata sonrisa.

Llega el tercer botellón, me siento feliz. Significa que estoy en la mitad del todo. En la mitad del supuesto tornado pero lleno de calma y armonía. Queda menos para terminar con todo esto y asisto con mucho entusiasmo. Estoy agotado, anoche me dormí tarde, pero fue planeado. Comienza el tratamiento y de inmediato me quedo frito. Duermo todo el tiempo y tienen que despertarme al acabar. Salgo contento de allí, quedan menos, ya han pasado tres botellones, cada día es uno menos.

Es nueve de marzo y me llaman de Informativos Telecinco. Por respeto y para seguir el protocolo los pongo en contacto con mi representante. A ella le corresponde arreglar este tipo de cosas. ¿Qué ocurre? Los informativos de las tres de la tarde dan la noticia sobre mi linfoma. «Hablamos de la mejor cara que se puede plantar frente al cáncer. Hablamos del actor Jorge Lucas. Habitual de series televisivas y que en estos días ha sabido transmitir optimismo y hasta buen humor sobre la enfermedad durante su participación en el concurso *Pasapalabra*. Con la *c* pronunciemos esa palabra, «cáncer». Y de sus dos acepciones Jorge Lucas se ha quedado con la segunda; al cáncer hay que darle alegría. El actor llegó al programa sin personaje alguno, demostrando que a veces el guion da un giro inesperado. Ha escogido un título para esta secuencia de la vida: *Lo que la quimio se llevó*. Y puestos a renombrar los clásicos, *Sonrisas y lá-*

grimas, él solo se queda con las sonrisas. Durante tres tardes ha sido la cara alegre del programa. El heredero de *Yo soy Bea*, esa cara que se dejó ver en *B&B* y *7 vidas*. Un ejemplo de que hay que fortalecerse ante la enfermedad. Superarlo y pasar palabra.»

El teléfono explota. Yo no soy consciente de esta noticia, no la he visto y me quedo tan sorprendido como todos. Es impresionante, me siento halagado, abrumado y sorprendido. La vida cada vez es más bonita. Hablo por el móvil durante todo el día hasta que por fin me dispongo a cenar. Ceno con la televisión encendida. En el informativo de las nueve transmiten nuevamente la noticia. Miro el vídeo de la tarde y es el que más me impacta con palabras clave como «hablamos de la mejor cara que se puede plantar frente al cáncer». Esa frase me conmueve y me hace creer más en mí mismo, en mis condiciones y en mi forma de llevar todo esto.

Vivo días muy tranquilos. Mucho reposo y descanso. Asisto al cumpleaños del hijo de Lara y al estreno de varias obras de teatro. Suzanne Powell me anima a hacer un curso zen que dura dos fines de semana en Madrid. Viernes, sábado y domingo. Ella me habla del curso que imparte y me dice que tengo que hacerlo sí o sí. Ni me lo pienso y voy para allá. Comienzan a suceder cosas muy especiales. Había oído hablar anteriormente de estas técnicas. Del reiki, del zen, pero nunca había formado parte de ello. Nunca me llamó mucho la atención pero aquí estoy. Dispuesto a formarme.

Empiezo a conocer gente maravillosa. Justo coincide con la noticia que se dio en Informativos Telecinco y los programas de *Pasapalabra* y algunas personas me reconocen. Suzanne me sube al escenario y me hace una pequeña entrevista. Yo explico mi decisión de llevar al humor y a la comedia esta etapa maravillosa de mi vida. Ella dice quién soy. Son muy cariñosos conmigo y me siento parte de ellos. Me voy encontrando mejor, aprendo a hacer respiraciones conscientes, a realizar toques zen donde se encuentran mis chacras. No me siento un extraño con todos ellos. Estamos todos a lo mismo, gente de todo tipo de edades, gente jovencísima y mayores. Invidentes, o con muchos problemas de salud. Me siento uno más aquí, somos como una gran familia. No se puede contar específicamente qué hicimos en el curso por respeto a cada uno de ellos. Pero es una experiencia que yo invito a realizar a la gente porque se adquieren unos valores y un amor incondicional maravilloso. Gente que te trata como si te conociera de toda la vida. Nadie se guarda nada y todo son sonrisas y amabilidad.

Pasa el primer fin de semana y yo me siento muy bien. Agradezco a Suzanne la oportunidad y estoy dispuesto a volver al siguiente fin de semana, que llega muy rápido. Lo mejor de todo es que es un curso totalmente gratuito; la única recaudación que se hace es para ayudar a los más desfavorecidos y a personas que lo necesitan. Muchos llevan alimentos no perecederos a los voluntarios. Hay donativos o dinero que aporta la gente que asiste y se recogió una buena cantidad. Estas cosas te hacen sentir especial, participar en esto. Te llenan el alma sabiendo que estás ayudando a aquellos que lo necesitan. Nadie cobra nada, todo el mundo lo hace porque así lo siente y eso hace que sea más maravilloso todavía. Todo es para la caridad. Personalmente, siempre suelo dar limosna a aquellos que la piden. Egoístamente, uno se siente muy bien haciendo esto, es una sensación muy especial.

Al siguiente fin de semana me acompaña mi amiga Xenia. Vamos al supermercado antes de nada para comprar todo aquello que esté en nuestras manos. Pañales, cereales, leche para bebés. Se me parte el alma al ver bebés o niños que no tienen para desayunar. Me gusta comprar productos para ellos, ya que muchos otros llevarán alimentos como arroz, harina y aceite. Yo quiero mirar por los más pequeños. Salimos cargados del supermercado y porque no podemos con más. Los voluntarios nos reciben alegres.

Un chico de Jerez de la Frontera sube al escenario a contar su caso y a mí me despierta mucha empatía; que sea andaluz ya me gana. Luego hubo otro caso de una chica que contó que sufría de depresión. Lo increíble de esto es que aquel joven, que se llama Alejandro Rodríguez, se atreve con mucho amor a aconsejar a la chica. Eso me pareció maravilloso. Le aconseja y le dice lo que tiene que hacer ante mi atenta mirada y la sonrisa de Suzanne. Le tiende la mano para crear un contacto y la joven lo acepta, ya que se siente comprendida.

Ha pasado un momento importante y Alejandro se acerca a mí, me dice cosas especiales, la conexión en todo esto es tremenda. Me presenta a una amiga suya, Graciela. Dice que es su maestra, que le ayudó muchísimo para lograr superarse y salir adelante. Nos tomamos una foto. Tengo la sensación de conocerlo de toda la vida. Es maravilloso el trato de personas que no te conocen pero se muestran abiertas, te tienden los brazos para arroparte y te desean lo mejor.

Hubo un momento en el que yo estaba sentado en primera fila y empecé a ver una luz tremenda rodeando a Suzanne. ¡Era su aura! Yo, que soy muy escéptico, no me lo creía. Miré varias veces, parpadeé y hasta me froté los ojos. Pero allí estaba, maravillosa. Duró más o menos dos minutos y fue fascinante. Me gustaría que alguien el día de mañana me dijera: «Tienes una luz tremenda» y que sea blanca, claro está. Suzanne es increíble. He vivido una experiencia alucinante y yo le agradezco el aprendizaje y la oportunidad.

—Te quiero un huevo.

—Cuando me quieras con dos cojones me avisas.

Subo esa frase a Instagram.

Lo que la quimio se llevó también fueron personas para las que ya no hay lugar en este nuevo Jorge Lucas. Personas tóxicas a las que yo invito con todo mi amor, sin hacérselo saber, a que se alejen de mí. Son muchas cosas.

Vuelven a llamarme de Telecinco. Esta vez, una redactora del programa *Sálvame*. De nuevo, paso el contacto de mi representante. Voy camino de Telecinco, a por una entrevista bonita. Mi principal idea es darles las gracias a todos por tanto apoyo y energía que me otorgan. Asisto con todo lo que se pueda mezclar en los pensamientos de uno, me preparo para todo. Conozco muy de cerca todo el contenido y el funcionamiento del programa, y tengo que expresarme tal y como quiero para explicar las cosas.

Sálvame Diario es un programa intenso y cada uno desempeña su papel de la mejor manera posible. Paz Padilla me recibe con mucho cariño. Lo primero que se me ocurre decir es que me siento muy querido y muy acompañado por todo el mundo. No se me ocurre, rectifico, simplemente son palabras que nacen del corazón. Yo decidí llevar esto con humor. Esto tiene dos caminos, llevarlo bien y vives o llevarlo mal y te vas para el otro barrio. Doy las gracias a la Fundación Jiménez Díaz, al equipo del doctor Córdoba, me emociono. El mensaje que yo quiero lanzar no es muerte, el mensaje es positivismo. La gente se cura, hay muchos adelantos y yo voy a curarme. Cuento lo complicado que fue para mí la caída del pelo y cómo entiendo a las mujeres que lo pierden. Explico lo difícil que me resultó contárselo a mis padres. Les mentí, les dije que tenía que operarme de una úlcera. Pero sé que están bien por cómo estoy llevando yo todo esto. Ellos están guapísimos.

Paz me pregunta cómo han cambiado mis prioridades. Le cuento que yo llevaba una vida estresante. Gira, eventos..., la vida de un actor implica muchas veces no tener dinero, la vida del actor es muy complicada. Le agradezco al programa su ayuda. Disfruto más con mi familia ahora, parar, respirar, tomarme un té con mis amigos. Vamos a curarnos, vamos a vivir y a disfrutar. Los saludo a todos, uno por uno. Para Belén Esteban la entrevista es muy dura e incómoda. No soporta el tema y se emociona conmigo. María Patiño me pregunta si eché de menos a alguien en esta etapa de mi vida. Trato de responder lo mejor que puedo. No pasa nada. Hay gente a la que le va grande esta enfermedad y yo solo puedo perdonarlos. (Aclaración: merecen todo mi respeto ante cualquier decisión tomada para conmigo en esta nueva etapa de mi vida. Perdonar y respetar son dos ideas centrales para mí. En mi corazón ahora solo hay sitio para todo lo positivo. Nada más.) Mila Ximénez cuenta que su hermana está pasando por lo mismo y nos agradece el testimonio; dice que somos un ejemplo de superación y una prueba de que de esto se sale. Nos considera unos campeones por transmitir tanta fuerza. Me despido de todos ellos uno a uno. Fin de la entrevista. Siento que estoy haciendo las cosas bien. Me lo constatan las redes, mucha gente me agradece mi actitud. Yo se lo debo a ellos, todo a ellos, espero que lo sepan. ¡Me dais la vida!

Me centro en quedar con amigos a los que hace tiempo que no veo. Me río muchísimo con ellos. Mi vida continúa, mi alimentación consciente sigue en pie. El libro de mi querida Suzanne Powell sigue siendo mi prioridad. Sus pautas me llenan el alma. No dejo de tomarme fotos, para mis seguidores y para la gente que espera saber cosas de mí. Lo comparto todo con ellos, siempre dándoles fuerza e ilusión. Hablo por teléfono con muchos de ellos para darles ánimo y fuerza. Les explico cómo me lo tomo e intento sacarles miles de sonrisas. No hay lugar en mi vida para lamentaciones ni para tristezas. No tengo tiempo para eso. Me viene muy mal.

Asisto al estreno del musical *Sister Act*. Esa noche pasa algo que nunca antes me había ocurrido. Me entrevistan. Estoy en el *photocall* tomándome fotos y quieren entrevistarme. Hago cuatro entrevistas, con sensaciones. Respondo siempre lo mismo, mi lema, mi himno absoluto. La alegría y la positividad:

—Sí, aquí a disfrutar un poquito porque no todo va a ser quimioterapia.

—¿Cómo estás?

—Estoy bien. Tengo mis días complicados pero son efectos de la quimio y ya está.

—Eres un ejemplo de superación y optimismo.

—Muchísimas gracias. Me lo estoy tomando así porque creo que es como hay que tomarse esto. Las redes sociales me están ayudando muchísimo, cantidad de gente me escribe e intento contestar a todos pero es imposible. Hay gente que está pasando por lo mío y los estoy empujando al cambio. Si ayudo a una persona, soy feliz.

—¿Qué haces para estar así?

—Siempre he sido muy cómico y muy payaso, y cuando te vienen estas cosas en la vida, ¡qué vas a hacer!, ¿me encierro en casa a llorar? No, me moriría y ahora me viene fatal morirme.

—¿Hace mucho tiempo que te detectaron la enfermedad?

—Me lo detectaron el doce de enero y creo que para mayo estará todo finiquitado.

—¿Se ha cogido a tiempo?

—Gracias a una úlcera de estómago que me provocó el linfoma. Hay que seguir. Aun así le digo a la gente que aunque lo cojan más tarde, se cura. Hay que ser positivos, aunque hay días que me miro al espejo y digo: «qué mala cara tienes hoy».

—Pero físicamente te vemos muy bien.

—Sí. Estoy cuidándome al mil por mil.

—¿Has pensado qué quieres hacer cuando pase este periodo?

—Yo no he parado en ningún momento de hacer mi vida, que sigue más o menos igual. Sigo trabajando, haciendo mil cosas, y no voy a parar. Mi doctor me dice que no paro la zapatilla quieta.

—¿Cuál ha sido el peor momento?

—El de darle la noticia a mis padres para mí fue muy duro, y el día que se me cayó el pelo. Por eso entiendo a las mujeres cuando se les cae el pelo, no estás preparado para eso, pero ya crecerá.

—También estás muy bien así.

—En eso discrepo.

Termina la entrevista. Te disparan muchas fotos. Antes nunca me hacían entrevistas. Me quedo con la sensación de que solo les importa vender, que el cáncer está de moda y que no les interesa nada lo que estoy haciendo. El cáncer es marketing. Sin embargo, mi deseo es llegar a cuanta gente pueda, para que lo reciban y sepan que existe otro camino, aunque sea tan repetitivo, compartiré cada artículo, cada foto, cada vídeo, cada palabra, para que sepan que de esto se sale.

Para Semana Santa tengo cinco planes: Alicante, Marbella, Sevilla, Ronda y Málaga. Son planes sugerentes y apetecibles, pero mis prioridades han cambiado. Decido ir a casa de mis padres para estar con ellos. Quiero exprimirlos, aprovechar todo el tiempo que sea posible, disfrutar el presente junto a ellos. Hacerlos partícipes de todo esto. Son muy mayores y deseo estar con mi familia. Vuelvo a Campo de Criptana. Me tomo como una responsabilidad almorzar y cenar con mis padres cada día que esté aquí. Me reencuentro con amigos de muchos años atrás. Me marcho con ellos a ver las procesiones, a contarnos historias y a seguir riéndonos. Siempre recordando que la prioridad son mis padres y que he venido aquí para estar con ellos. Me siguen sorprendiendo los fotomontajes que hacen para mí en las redes sociales. Gratitud, una palabra llena de fuerza, es lo que siento ante cada bella obra de todos aquellos que se acercan a darme las gracias. Se lo hago saber a mis seguidores y les envío besos en el alma. Llega el domingo y he de volver a Madrid, mañana me toca la cuarta quimioterapia.

Es lunes y estoy más alegre aún, ya queda menos, esto se acaba, esto se va diluyendo. Es el cuarto botellón y me presento cada vez más entusiasmado. Estoy aquí y ya deseo que pasen otros veintiún días para poder darme la quinta quimio.

Treinta y uno de marzo, última gastroscopia. Voy al hospital a hacerme una prueba importante. El mismo doctor que me diagnosticó el cáncer se encarga de ello. Me sucede una de las cosas más graciosas de lo que llevo en todo este trance. Después de la prueba, estoy en la silla de ruedas con la anestesia. Eso quiere decir que estoy pero no estoy. Me meten en un box y me dejan solo. Estoy ido, no lo puedo evitar, los efectos de la anestesia tienen esas cosas. No sé cómo, me caigo al suelo, intento levantarme pero no puedo. Me resisto porque encuentro en el suelo un sitio refrescante y cómodo para poder dormirme tranquilo y así lo hago. Me quedo tumbado allí. Oigo un grito: «¡Por favor, está en el suelo tirado!» Es mi hermana. Siento que me recogen y empiezan las preguntas.

—¿Pero qué haces en el suelo, Jorge? ¿Cómo has llegado allí?

—Yo qué sé, no sé lo que me pasó. ¡Llévenme a un Burger King, que hay aquí uno al lado!

Sin lógica alguna me entra la necesidad de que me lleven a comer una hamburguesa. Solo recuerdo que estaba muy a gusto allí en el suelo. Más tarde aparece el médico con un aire de orgullo y alivio. Me dice que no aparece nada de la úlcera, que estoy muy limpio, que no detectaron nada. Nos quedamos todos muy contentos por los buenos resultados.

Es dos de abril y me levanto muy hinchado por la cortisona de la quimioterapia. Tengo la cara como un frigorífico de espaldas. Me llaman amigos para ver una exposición y yo, «sin un pelo de tonto», me echo a la calle. Al matadero de Madrid.

Al cáncer no le doy tregua, insisto que no es una batalla. No le doy ventaja, ni lugar ni sitio.

«El cáncer tiene muchas cosas buenas,
solo tienes que estar atento. Abre bien los ojos
y las verás»

Cuatro de abril. Día muy especial para mí. «Un año sin ti y cada vez te siento más cerca. Te amo, mi amor. Flores para María.» Es el día en que se cumple un año de la despedida física de María. Lo digo así porque para mí no murió, sigue estando tan presente en mí que la siento cada día más. Ella, que para mí es un ser especial. Me enseñó cosas muy importantes. Esas cosas que yo no veía y que tenía tan cerca. Me abrió los ojos. Cuando me dediqué a ella en cuerpo y alma, me hizo creer más en Dios. Me enseñó a valorar mucho más a mi familia y a sonreír ante la adversidad. Estuvo muy malita y no perdía la sonrisa. Yo no podía ser menos. La acompañaba con todo el amor que tenía, se lo merecía, eso y mucho más.

Hablo con ella, cierro los ojos y una brisa que me eriza los pelos me dice que está aquí conmigo, una brisa dulce que mi alma recibe con tranquilidad. Sé que me oye, siempre está aquí. Me río con su no ausencia. Le sirvo una copa a nuestra nostalgia. Le doy un beso al no vacío, de esos que llegan a ella y no se perderá en el camino. Es mi gran amuleto, preciado, único. Este, el aniversario de su partida, no es un día triste para mí. Estoy seguro de que ella no quiere verme mal. Su recuerdo vive en mí.

Significó mucho en mi vida; me proporcionó mucho crecimiento personal y me aportó valores impagables. Yo me tumbaba con ella en la cama y hablábamos muchísimo, se emocionaba de alegría. Gracias a ella aprendí a valorar mucho más la sencillez de la vida. Fueron momentos imborrables. Nunca la vi llorar ni preocupada por su estado de salud. Tengo grabada su sonrisa y sus carcajadas en la cabeza, puedo oírla ahora mismo. Son la melodía del abrazo al amor. Un ser de luz, un ser puro. Yo, en aquellos momentos, no quería fallarle, así que me mostraba perfecto delante de ella, aunque luego llorara en casa solo. María Pineda es mucho para mí. Hoy es un día especial y es por ella.

Suzanne me pide que participe en la presentación de su libro *El cáncer: Una guía sencilla y práctica*. Me da una alegría tremenda. Me siento orgulloso, es muy importante para mí que alguien como Suzanne me pida participar en la presentación de su obra. Me certifica que soy importante para ella siendo ella tan imponente, tan única, y que me pida esto a mí es algo grande. Me siento muy bien. Ella siempre se muestra abierta y muy comprensiva conmigo. Me puedo soltar sin ningún problema. No existe el juicio en ella. Siempre está dispuesta a escuchar y respetar cualquier decisión. Es brillante.

La sala de la Casa del Libro está a reventar de gente. No es para menos, ¡se trata de Suzanne Powell! Cuando llego, me hace un toque zen que me viene muy bien.

—¿Qué quieres que cuente? —le pregunto.

—Cuenta lo que quieras.

Ella da tranquilidad, es espontánea. Me toca hablar, contar mi experiencia. Intento explicar la importancia de sentirse bien y en paz con uno mismo y con el entorno, sobre todo con la familia. También la decisión que tomé de seguir el tratamiento de quimioterapia. Tomo cardo mariano, uña de gato, *Bifidus*, que ayudan a mi evolución. Explico mi evolución consciente en la alimentación: cada vez el cuerpo te responde más, cada vez estamos mejor. Apuesto por que la medicina tradicional y la medicina «complementaria» trabajen juntas de la mano porque gracias a estas pastillas mi evolución está siendo sumamente rápida. Amo mi cáncer, este cáncer que no es mío. Repito que no soy un luchador. Esperando una versión de Jorge Lucas más renovada. Suzanne da la importancia de las etiquetas. Decir que estoy luchando implica sufrimiento. El cáncer es tu maestro. Las prioridades cambian. Es estar sano, que mi gente esté sana, ayudar a mucha gente. Cuando termine mi episodio, este que no es mío, quiero involucrarme, ayudarlos, quiero contar mi historia.

Hablo con una niña de catorce años que tiene leucemia y la hago reír. También hablo con un chico de Huelva de treinta y cinco años a quien le acaban de detectar cáncer y ha pensado anular su boda que tiene programada para septiembre. Le digo que no va a anular absolutamente nada, que en septiembre va a estar perfecto. Intento que vean la parte bonita del cáncer. Es un proceso que te cambia la vida. Este libro, repito, tiene que ser una lectura obligada en los colegios. La gente necesita ser consciente de todo lo que ocurre y de lo que estamos haciendo. Necesitan saber cómo comportarse, necesitan educarse. Saber cómo actuar frente al cáncer. Modificar hábitos de nuestra vida rutinarios. Mezclar alimentos de forma que seamos capaces de saber qué estamos consumiendo. Deshacerse del microondas.

Este libro ayuda a cuidarnos, a respetar nuestro templo sagrado, que es el cuerpo, y a ser mejores personas. Suzanne se explica perfectamente: en todo eso consiste ser saludables. Es un libro que tiene herramientas suficientes y maravillosas para tomarse esta enfermedad, la tengamos o no, con la mejor cara posible. El cáncer es vida, es alegría. Es algo que llega a tu vida, para que te des cuenta de que tienes que cambiar, que tienes que mirar, respirar, saber qué sucede en tu vida. Te dice que el amor existe y te lo demuestra. Te pone a prueba y te da armas para encontrarte con tu mejor versión jamás vivida. El cáncer es el despertar, es un maestro maravilloso que se instala en ti para irse y dejarte más feliz, más vivo, más consciente y más fuerte que nunca. Por favor, leed el libro *El cáncer: Una guía sencilla y práctica*, de Suzanne Powell. Os aseguro que todo cambiará y para mejor.

Llega el final de la presentación y nos despedimos poco a poco de los asistentes. Agradezco la presencia de todos y que sean tan cariñosos conmigo. Tras una serie de preguntas interesantes a las cuales estoy muy atento para estar a la altura de la persona a la que acompañaba, el editor nos invita a cenar. Aceptamos con amabilidad y un grupo reducido de personas nos vamos a compartir los últimos compases de este día tan intenso que se está despidiendo. Llegamos a un sitio vegano. Nos sentamos y pedimos cada uno nuestro plato. Comienzan las conversaciones. Por primera vez estoy más por la labor de escuchar y aprender que por soltarme. En cada palabra que se pronuncia surgen valores, ideas y temas que yo no conocía. Solo puedo aprender y estar atento. Se habla del hebreo, de la numerología, de la cábala. Somos nueve comensales. Trato de concentrarme y salgo de mí mismo, me observo desde otro plano, desde otro momento. Me observo sentado con estas fascinantes personas y me pregunto quién me iba a decir que iba a estar aquí. Si me lo hubieran dicho antes, hace un par de meses, no me lo hubiera creído para nada. Y hoy estoy aquí y ahora. ¡Vaya mesa en la que estoy sentado! Es muy inesperado y me siento agradecido. A veces se crean varias conversaciones a la vez, todas tan interesantes que en mi interior reclamo que solamente una sea la que siga la mesa. Pero entiendo que a veces es imposible. Muchos de los que están aquí han superado el cáncer sin hacerse quimioterapia. ¡Admirable! Me siento afortunado, soy el que menos sabe de todo y trato de absorber todo lo que dicen. Como un niño pequeño que quiere captarlo todo y no perderse nada. Así estoy. Acabo contando algún chiste que otro; es imprescindible para mí. Muchos se ríen y se divierten conmigo. Termina la noche y este sueño continúa.

Gracias a Lara Dibildos me invitan a disfrutar del espectáculo *Las Minas Puerto Flamenco* en el Teatro Real. Estoy entregado al flamenco, es un arte que atrae toda mi atención desde el inconsciente hasta el último poro de mi piel. Es el espectáculo más impactante que he visto últimamente. No importa que esté sensible ni que mire todo con otra perspectiva, disfrutando cada momento; lo que he visto sacude todo el interior y te hace vibrar. Acaba el espectáculo y acudo al cóctel invitado. Me presentan a Idoia, una chica tierna de la organización, me lo dice su mirada. Me pregunta qué tal estoy y cómo estoy pasando todo esto. Le contesto que el cáncer es lo mejor que me ha pasado en la vida. Para mi sorpresa, se emociona. Rompe a llorar de incredulidad, de emoción, de todo y de nada. Entre suspiros y como puede me dice que no le cabe en la cabeza que yo diga eso. Soy un nuevo Jorge Lucas; soy mucho mejor que el de antes pero no más que el de mañana. El de antes me gustaba, pero el de ahora me tiene enamorado.

La vida es una fuente de salud, pero esa energía surge solo donde concentramos nuestra atención. Esta atención no debe ser únicamente mental sino también emocional, sexual y corporal. El poder no reside ni en el pasado ni en el futuro, sedes de la enfermedad. La salud se encuentra aquí y ahora.

¿Si no soy yo, quién?
¿Si no es aquí, dónde?
¿Si no es ahora, cuándo?
Te invito a ser feliz.

ALEJANDRO JODOROWSKY

Aquí y ahora soy mejor que nunca. Entrar en esta faceta de mi vida ha sido y es una experiencia especial. Espero que todos comprendan que esto me ha dado todo y todo son cosas buenas, impactantes y alucinantes. No paro de sonreír y dar las gracias. Esto es lo que estoy viviendo. Para mí, ya estoy curado. Lo tengo en la cabeza y voy a darlo todo, absolutamente todo. La vida cada vez es más bonita.

Ana Cascales, una mujer que llega a mi vida para hacerme una invitación sugerente, me pide que esté en el paseo de la Castellana el próximo domingo a las nueve y media de la mañana. Una propuesta que acepto sin preguntar, sin rechistar. Estoy tan abierto a recibirlo todo que ya me dejo llevar. ¿Qué podría pensar cualquier persona, que tendría que hacer yo un domingo a las nueve y media de la mañana, para coincidir con ella sin saber para qué? Me dejo llevar y asisto. Me presenta a un grupo de personas y se sientan en un círculo. ¡De repente me veo en un grupo de biorreprogramación! Se trata de buscar un suceso que nos haya marcado, que hayamos vivido en un momento específico, desde el momento de nuestro nacimiento hasta el día de hoy, y que de alguna forma se haya instalado en nuestro subconsciente. Este suceso puede llegar a manifestarse en nuestro cuerpo a través de una enfermedad o puede generarnos un bloqueo ante una situación concreta.

«El cáncer surge por algo que no has digerido en la vida», me dicen. Hacen un ejercicio conmigo para buscar el camino. Luz, la maestra, comienza a hacerme preguntas específicas para ir al núcleo de lo que me haya podido ocurrir. Lo encuentran y reacciono. Me doy cuenta de lo que pasó aquel día, aquel momento y en aquella situación. Yo asistí sin plantearme nada y me encuentro con la raíz de esta enfermedad. ¿Cuál es el siguiente paso? Perdonar. Aplicar el perdón absoluto y auténtico desde el fondo del alma. No solo a aquellos que hayan podido hacernos daño, sino a nosotros mismos. Esto va enfocado siempre al yo. Perdonarnos a nosotros por permitir y dar tanta importancia a otros para que nos puedan hacer daño es un acto de autoayuda para valorarnos más. Perdonarnos por haber actuado mal ante otros si nosotros fuimos los que nos equivocamos y perdonarnos por permitir que nos hayan hecho daño. De eso se trata y así se libera cualquier rencor, cualquier sentimiento de rabia, cualquier emoción negativa que con el paso del tiempo se manifiesta, en mi caso, como enfermedad.

«Descubrirás, al dejarte amar, quiénes
son tuyos, tus amigos»

Lunes once de abril, me voy corriendo al hospital. El doctor Córdoba, que me había dicho que no hacía falta que fuera al hospital para conocer los resultados de la última analítica, me envía un mensaje para que vaya. No me planteo el motivo; simplemente voy.

Entro por la puerta y me encuentro al doctor contento y sonriente. Está feliz y lo noto.

—Se ha detectado en los resultados de la última biopsia que no hay rastro de cáncer. ¡No hay cáncer! ¡No hay nada! No hay constancia ni de una célula cancerígena.

Falta un día para que se cumplan tres meses desde que me diagnosticaron el linfoma y he podido expulsarlo. ¡Se ha ido! Me enseña la imagen de la úlcera, grande, repugnante, verde negruzca, parece un alien. Me enseña la imagen de la gastroscopia, la última, y me encuentro con el estómago más bonito del mundo. Rosita, con un punto blanco que solo es la cicatriz. Es algo normal.

—¿Qué quiere decir esto? ¿Hemos terminado el tratamiento?

—No, tenemos que seguir hasta el final. Para estar seguros.

Sé que el siguiente paso es más agresivo que los anteriores. Pero yo estoy feliz. ¡Ya no tengo absolutamente nada! Le doy las gracias al doctor y apenas salgo del hospital llamo a mi madre.

—Siéntate, mamá. Te tengo que contar una cosa. Tranquila, todo es bueno. —Comienza a llorar de la emoción.

¿Cómo es posible que haya podido superarlo en tan poco tiempo? La actitud es todo. Es muy importante tomarse esto con positividad, entusiasmo y como aprendizaje. Se lo digo a mi gente. Risas, celebraciones al otro lado del teléfono, todo es alegría, pero yo tengo que ir a Londres. Esto comienza muy bien y seguro que no será un viaje más; será uno de los más especiales de mi vida.

Me encuentro con Lara en la T4. Ya nos habíamos puesto de acuerdo en la hora y el lugar. Nos abrazamos y la alegría que se respira es emocionante. Entramos y comenzamos a hacer la cola para facturar. Decidimos sentarnos juntos, ¡faltaría más!, mientras esperamos esta rutina de que nos confirmen los asientos para poder continuar con la aventura. Algo ocurre, algo no va bien. La azafata nos dice que no es posible viajar juntos ya que la tarjeta de embarque de Lara indica que no tenemos el mismo vuelo. La cara de sorpresa es descomunal y a mí se me escapa una sonrisa. ¡Lara ha hecho una reserva con otro vuelo! Coincide la hora, sí, pero no el vuelo. Hasta ahora no se había dado cuenta. ¡Vaya momento! Como cuando no se sabe qué decir y se acepta con una sonrisa pegajosa ante lo sucedido. Nada. Mi amiga del alma verifica su información y se marcha a tomar su vuelo. ¿Cómo definir esto? No tengo palabras. Quedamos en Victoria Station, ya que ella aterriza en el aeropuerto de Heathrow y yo en Gatwick.

Mientras voy en el avión me río de lo sucedido. Vaya forma más incrédula de comenzar el viaje. Llego al control de pasaportes de Londres. El policía coge el DNI, observa la foto, en la que aparezco con barba y pelo, y me pregunta:

—*New look?*

—Es el cáncer —le digo.

Mueve la cabeza con movimientos singulares queriendo mostrar pena por la noticia recibida.

—No te preocupes.

Me sonríe, le sonrío. Acto seguido me abre las puertas y me permite pasar a este nuevo país, del aeropuerto de Gatwick.

Voy a Victoria Station a recoger a Lara. Retomamos el contacto luego de esta gran anécdota que recordaré toda mi vida.

Con Lara y Fer decidimos ir a cenar. Cuando estamos pidiendo los platos interrumpo el protocolo.

—Chicos, ¿qué os apetece, vino o champán?

—Champán. Esta noche, me voy a dar permiso.

Cuando traen la botella me doy cuenta de que esto es muchísimo mejor: la improvisación. Nada fue planeado, todo esto que ha ocurrido y ocurre simplemente sucede, como tiene que ser. Yo me dejo llevar y todo es perfecto. Siento que si hubiera planificado esto no hubiera salido tan bien. Junto a dos de las personas más especiales de mi vida, en la ciudad donde voy a ver unos de los espectáculos tan esperados y, sobre todo, ya no hay cáncer. Todo se ha juntado, todos los caminos me han llevado a esto sin que yo interviniera, y es maravilloso. El universo es espectacular, todo encaja, todo funciona como tiene que funcionar y yo me entrego a su merced. Levanto mi copa y pido paso para decir algunas palabras.

—Soy la persona más feliz y afortunada del mundo. No podría haber imaginado una celebración más perfecta junto a vosotros.

Solo falta mi hermana María José, la capitana en este grupo de personas tan especiales. Sigo hablando, Lara se echa a llorar, Fer se emociona. El brindis más bonito de mi vida. Chocar estas copas significa que he salido victorioso sin luchar, sin violencia, sin batallas. Que he podido y que esto solo es el comienzo de una nueva vida. Se emocionan conmigo, es una cena que no se me olvidará en la vida. El champán me sabe a gloria; parece que bebo felicidad pura. Por el significado de todo esto, me expreso con el alma, con el corazón, y todo es mágico.

Terminamos esta velada única y nos marchamos a descansar.

Compartimos muchos momentos solos ella y yo. Comemos juntos, paseamos por Londres. Le cuento mis sensaciones. Ella se muestra un poco preocupada porque acababan de darme una quimio, pero yo me encuentro muy bien. Llega a decirme que quiere descansar, que nos tranquilicemos, que paremos a tomar un té o algo.

—¿Es qué no estás cansado? Porque a mí es que me tienes muerta.

Me río, soy una persona con muchísima energía. No me considero enfermo ni ahora ni antes. Para mí es como un periodo de trance diferente a lo habitual y poco más. Me encanta su compañía. La llevo por sitios especiales relacionados con el teatro. Allí surgen anécdotas maravillosas que vivimos juntos. Lo mejor de todo es que no planeábamos lo que íbamos a hacer durante el día, todo era improvisado y mucho más bonito.

No rompo con la línea del universo, mi plan es no planear nada. Como regla primera y única. Ahora siento que si cabía la posibilidad de que se afianzara esta relación, ha llegado. Somos dos pilares fuertes en uno. Llegamos al punto de comprendernos sin hablar y eso solo pasa con una persona con la que tienes un nivel de comunicación tan finamente especial. Nos reímos mucho. Lara es una parte de mí.

Glenn Close y *Sunset Boulevard*, un espectáculo impoluto. Un diez y más. Ambientado en la ciudad de Los

Ángeles alrededor de 1949 o 1950. Norma Desmond es una antigua estrella de cine mudo de Hollywood que vive en su mansión olvidada por todos, alejada de la realidad y con la única compañía de su fiel criado Max. Joe Gillis, un joven guionista, llega por casualidad a su mansión y poco a poco caerá bajo la influencia manipuladora de Desmond, lo que precipitará un final trágico. Un musical precioso. Con el público apropiado. Impresionante, una diosa.

Al día siguiente volvemos a ser niños como nunca antes y nos marchamos a ver *Charlie y la fábrica de chocolate*. Como por arte de magia me encuentro con amigos que hace tiempo no veía, coincido con ellos en Londres. Le envío un wasap a Màxim, que estaba grabando allí. Me contesta que tiene mucho trabajo y que haremos un esfuerzo, pero que es complicado. Si nos da tiempo podríamos vernos; si no, a la vuelta en Madrid. Misteriosamente, cuando voy paseando con Lara, cruzamos el Millennium Bridge y veo a Màxim. ¡Increíble! Estaba grabando. En mi pensamiento se me había presentado su imagen y deseaba verlo, y en ese momento el universo me hace coincidir con él. Nos abrazamos, nos tomamos varias fotos y nos ponemos al día en un corto intercambio de palabras. Él estaba trabajando y era importante.

Mientras camino hablo con mi amiga de lo ocurrido:

—Atraigo lo que quiero —digo en voz alta—. El curso zen ha sido importante.

Nos reímos ella y yo de todo. Hablo por teléfono con

una amiga que está en la ciudad: Kalia. Con el subidón de lo ocurrido le explico que no hace falta que quedemos, que nos encontraremos con total seguridad. Mi acompañante me mira con una sonrisa cómplice, yo también sonrío. Sé que sucederá. Pocos minutos después, ¡nos encontramos con ella! Nos reímos mucho, nos vamos a comer a Chinatown y Lara me dice: «Me das miedo, por Dios. Miedo me da lo que pidas.»

Lo bueno que tiene el cáncer (y este es un apartado puntual ya que tiene muchísimas cosas buenas) es que te encuentras gente a la que hacía tiempo que no veías, que por distintas razones del tiempo y el espacio, por motivos laborales o personales, pasaron muchos amaneceres sin tener contacto contigo. João, un amigo desde hace doce años, se puso en contacto conmigo. Fue muy bonito reencontrarnos. Son sensaciones únicas y yo me doy cuenta de que todo esto es gracias al cáncer, que solo puede ser positivo. Recordar anécdotas y saber de ellos, saber que están bien, es importante para mí. No te esperas ver a algunas personas después de tanto tiempo, y es muy bonito.

«Practica la meditación; te ayudará a equilibrar tu energía y a ser más paciente»

Quince de abril, otra vez en casa. Suena el teléfono y al otro lado de la línea se presenta la Asociación Española contra el Cáncer. Me invitan a participar en la entrega de premios de una carrera que se celebra en la plaza de Colón, el domingo. Acepto sin dudar. Esto es especial y yo quiero colaborar en todo lo posible en este tipo de actos. Quiero ser partícipe, no importa madrugar ni cualquier contratiempo. Voy y no hay más que decir, solo queda insistir en ir, en preparar todas mis fuerzas y mi sonrisa. Corto la llamada. Ana Servente, encargada de contactar conmigo, es quien me da la noticia.

Llega ese día y me alegra mucho ver a tanta gente implicada en este acto. Sin embargo, hay más sorpresas esperándome. Saludo con mucho respeto a los organizadores y me coloco la camiseta que han hecho especialmente para mí, con mi nombre y todo. Mucha gente me reconoce y comienzo a tomarme fotos con ellos. De repente me encuentro a Norma Ruiz y ¡a María Pagés!, a quien he admirado toda mi vida. Es una bailaora de flamenco que me eriza la piel cada vez que la veo. Siempre la he seguido y la sigo.

—¡Qué alegría, María, que estés aquí! ¿Has tenido cáncer?

Una pregunta absurda: no tienes que tener cáncer para colaborar. Me contesta que no, que siempre está implicada en todo lo que sea para ayudar a quien esté pasando por esto. Eso la hace aún más grande. Y yo que, iluso, creía que participábamos en este evento personas que habíamos pasado por esto o estamos pasando por ello. María me invita a ir a ver el espectáculo *Yo, Carmen* y acepto encantado.

A todo digo que sí últimamente; curioso. Continúo recibiendo mucho cariño de la gente, que me da ánimos, besos, golpecitos en la espalda, nadie se atreve a tocar mi rapada cabeza, pero solo faltaría. Algún abrazo perdido y sí que alguna señora se digna golpear con dulzura mis mejillas. No sé qué más me hubiera esperado, pero guardaré mis pensamientos solo para mí en este caso.

Mientras tanto hay una frase que me molesta, la acepto porque no quiero crear una tertulia pues no es esta la ocasión, pero no estoy de acuerdo. Me dicen constantemente que soy un luchador, y yo no soy un luchador. No estoy luchando ni batallando. No me he puesto una armadura; ni tan siquiera le he dado golpes al cáncer. Me molesta, de buena forma, porque no hay nada de eso, no hay guerra ni conflicto para mí. Deseo que esto quede claro, aunque sé que los seguidores tienen muy buenas intenciones, una de las claves para mí fue esto: no creerme un guerrero.

Me llama la atención que las personas mayores que se acercan me llamen «hijo» y me den mucho cariño. Estoy alucinando. Me acerco a los organizadores y les transmito mi deseo de participar en todo lo que pueda para ayudarlos. En cada acto o evento. Les digo que estoy para apoyar la causa y que no duden de mi aportación. Quiero hacer todo lo que esté al alcance de mi mano. Me invitan para el día del cáncer, cuando ponen mesas por todo Madrid para recaudar fondos. Llega el final del evento. Me marcho lleno de amor puro. Siento de verdad que el ganador de esta carrera he sido yo.

Hoy es dieciocho de abril. No puedo evitar estar bajo de ánimos. Uno tiene estos momentos delicados y hoy me toca otra vez volver a vivirlo. Echo mucho de menos mi pelo. Viajar al pasado en este día y preguntarme qué cambió, dónde quedó aquella imagen de mí mismo en la que podía reconocerme. Sin saber dónde estaba o adónde iba podía mirarme a los ojos y sentirme seguro pues todo estaba en su sitio y era yo quien aparecía del otro lado del espejo. Hoy no me reconozco, noto que mis cejas y mis pestañas han disminuido. Intento reírme, lo intento. Una sonrisa forzada, sí. A veces tengo una mueca de esas que se dibuja ante una pena como forma de consuelo; una sonrisa automática y casi incómoda. Cuelgo la foto sin pensar, es como me siento y ¿para qué negarme nada a mí mismo? Hoy estoy así y es ocasional. La gente comienza a animarme. No dejan que me caiga. Vivo una experiencia humana total. Tengo sentimientos y estos momentos de bajón inoportunos aparecen en cualquiera; lo considero normal. La gente se preocupa y me da fuerza. Insisto que es un momento aislado que mañana habrá desaparecido. De todas maneras, he de repetir que la gente es la que está curándome.

Veintiuno de abril. Un amigo y yo nos ponemos de acuerdo. Él desea participar en un *reset* colectivo impartido por mi maestra, Suzanne Powell. Cada vez que nos encontramos ella y yo es como si todo cambiara. Se porta de una forma íntegra y especial, se desvive conmigo y yo me siento muy acogido y parte del grupo de casi cincuenta personas de hoy. El mismo ritual de las veces anteriores.

Todos comenzamos con respiraciones profundas y conscientes, cerramos los ojos y nos dejamos llevar por las palabras que nuestra maestra nos transmite. Momento de paz y alivio interior. El trance en el que estábamos para algunos es muy profundo. Después de finalizar me dedicó un tiempo de forma exclusiva.

Mientras estamos conversando y yo siguiendo sus consejos me doy cuenta de que es gratificante para mí (realmente no sé cuántos más adjetivos utilizar) y agradezco a Dios que Suzanne haya aparecido en mi vida y todo el apoyo que me brinda, no tan solo moral, sino consciente, que es aún más importante. Se ha convertido en una persona esencial en la historia de mi vida, en este presente justo y necesario; apareció ella para iluminarme. Gracias al cáncer, que me dio la posibilidad de encontrarme en su camino, de conocerla.

Me da un toque zen porque sabe que dentro de poco me toca irme nuevamente de botellón y su única intención es ponerme lo más fuerte posible. Nos despedimos. Yo no pierdo la oportunidad de hacer público en las redes sociales el cariño que le tengo. Recomiendo sus fabulosos libros y firmo donde sea que os cambiará la vida. Te quiero mucho, maestra.

Otra vez de botellón, arrancamos la quinta quimio. ¡Ya no queda *ná*! Es la quinta quimioterapia. Me noto mucho más cansado que antes y quién me iba a decir que empezaría un calvario inapropiado... Mi templo siente la acumulación de los anteriores botellones y me está costando un poquito más estar tan activo y no resentirme del agotamiento. Me doy cuenta de que antes nada me sabía a metálico, pero ahora sí. Siento muchas náuseas. Ahora ya no me apetece comer pero sigo haciéndolo porque sé que es por mi bienestar. De todas maneras, no es nada agradable sentir esta sensación.

En las anteriores quimios, los efectos secundarios comenzaron a manifestarse al cabo de una semana. En esta apenas pasan dos días y ya estoy sintiendo los síntomas. Estoy exageradamente cansado, tan exagerado que no tengo ganas de salir. Me está sentando un poco regular. Intento hacer vida normal; tengo que conseguirlo, pero me cuesta.

Es veintitrés de abril, día de San Jorge y del libro. Me regalan una rosa preciosa. Quedo con mi hermana y mi cuñado, ella acude a mi encuentro con ese precioso regalo. Soy un gran lector y me encantan los libros, nunca pierdo la oportunidad de leer uno. Recibo por las redes sociales miles de felicitaciones. Me cuesta estar al cien por cien pero lo intento. Aunque no tenga ganas de nada, no le doy espacio ni respiro al cáncer y me lanzo a la calle. Voy al teatro a ver la obra *El prisionero*, que interpreta mi compañero José Manuel Seda en Los Teatros del Canal.

A pesar de todo mi esfuerzo, estoy muy decaído, la quinta quimio es muy fuerte y mi cuerpo se resiente. Intento tirar para delante pero ocurre algo que antes no me había pasado: estoy psicológicamente tocado. Se me hace cuesta arriba corregir mis pensamientos y que no presten atención al malestar. Necesito silencio y descansar. Dormir tanto para que esto desaparezca cuanto antes. Le estoy dando más importancia a la enfermedad que antes. Confieso que hoy no lo estoy pasando bien, como si estuviera a punto de tocar fondo. Duermo demasiado porque cuando lo hago no siento nada. Es un alivio separarme de esta realidad, hoy me está costando demasiado poder salir adelante. Duermo buscando un refugio entre mis sueños. Duermo y me concentro en perder la noción del tiempo y del día para poder pasar cuanto antes y dejar estos síntomas atrás. Duermo y me olvido de todo. Me enfado conmigo mismo por haber pensado así, por creer que esto puede conmigo. Me enfado porque por primera vez he roto las reglas, porque me he resignado, aunque haya sido levemente. Me enfado por permitirme darle tanta importancia a mi malestar. Me cabreo por verme y sentirme flojo, como una hoja movida por el viento, al frente de mi trabajo psicológico. Intento comer y el sentido del gusto vuelve a recordarme que todo me sabe a metálico y se me pasan las ganas. La comida sabe asquerosa. Como fruta; papaya, mandarina, los plátanos me saben fatal.

Llevo varios días sin publicar fotos de mi rostro. Lara se da cuenta y me lo dice. Me pregunta con preocupación qué pasa. Me sorprendo por lo lista que es, por cómo me conoce.

—El proceso de la quinta quimio me está pegando muy fuerte. Aparte tengo la cara que no me reconozco.

Me gusta compartir solo la parte buena, no quiero que vean que estoy mal. No es por ocultar o tapar la verdad, simplemente es por el hecho de no darle importancia a la oscuridad y mucho menos en público. Compartir la parte buena es el reflejo de cómo llevo todo esto. Soy humano y me puedo caer, pero en esas caídas solo yo puedo levantarme. Compartir la parte buena implica que mi máxima importancia está basada en ella, que es un triunfo para mí y para todos aquellos que me siguen. Es mi fortaleza. Es la base de este libro, donde sí lo cuento todo porque puedo explicarme en profundidad. Compartir la parte buena es una forma de enfocarlo, de ver solo lo bueno y solo a eso prestarle atención. Eso no quita que lo oscuro cobre fuerza y pueda renacer de las cenizas que estoy barriendo.

«Modifica tu alimentación. ¡Sánate!»

Veintinueve de abril. Me siento totalmente recuperado. Esta semana ha sido un poco complicada de dolores y ánimos. Me caí en plancha pero hoy me he recuperado. Me levanto mucho mejor. ¡Ya está bien! Solo pienso en ir adelante. Hay un clic en mi cabeza que da lugar a una sonrisa enorme. ¡He vuelto!, aunque lo mejor es que nunca me he ido. ¡He vuelto!, y más fuerte que ayer.

Es puente de mayo y vuelvo otra vez a ser el de siempre o mejor, sí, mejor todavía. Antes he dicho que los reencuentros que me está dando el cáncer son prodigiosos, hoy nuevamente vuelvo a vivir uno de ellos. Perdí el contacto con Carlos y, hoy, al cabo de unos cuantos años, nos reencontramos. Viaja a Madrid para ver a sus niñas, ya que está separado, y me escribe para vernos. Me encontró por televisión y se enteró de mi proceso.

Me cuenta que el padre de su pareja padece cáncer, que lo llevan muy mal, sobre todo los familiares, más que el afectado, que su hogar se ha disfrazado de tristeza y que ya no amanece. Las nubes grises con forma de tormenta reinan sin contemplar la salida del sol. Un día cualquiera, me cuenta, están delante de la televisión, oyen a su padre reírse y se interesan por lo que está ocurriendo allí. Observan en el programa *Pasapalabra* un personaje calvo que le hace reír sin parar y que tiene cáncer. Hacía muchísimo tiempo que el padre no se reía tanto y menos con esa euforia y entusiasmo. ¡Me ven a mí! Carlos, en un primer instante no logra reconocerme mientras el enfermo sigue disfrutando con lo que ve en la televisión. Entonces, se da cuenta de quién es ese calvo de la pantalla y exclama:

—Ese chico es amigo mío.

—¿Cómo va a ser tu amigo?

Insiste y protestan amablemente. Me emociona cuando me lo cuenta; provocar esas reacciones en la gente me llena el alma.

Hoy es domingo y hemos quedado para comer. Trae a sus preciosas niñas, que conmigo se vuelven locas porque no paro de hacerles reír. Es un reencuentro emotivo. Nos ponemos al día de todo, me cuenta todos sus problemas. Él venía a animarme y termino animándolo yo, curioso. Ocurrió lo mismo con los psicólogos en el hospital, ya que casi acabo tratándolos yo a ellos. El cáncer te devuelve este tipo de cosas. Yo creo que uno se va encontrando la gente buena que ha pasado por su vida como una obligación. Ellos perduran en tu vida aunque pase un periodo indeterminado, de esos que nadie puede controlar y a veces hasta te resignas. Sin embargo, antes o después, vuelven a aparecer. Pueden existir interrupciones y muchas circunstancias, pero la vida te pone con la gente que tiene que estar en el momento indicado.

La vida es inteligente (fíjate lo que estoy declarando), y de eso no tengo dudas. La vida es el mejor regalo que tenemos, se trata de estar atentos, de disfrutar, de respirar, de pararse y que todo lo que nos viene, aceptarlo y sobre todo aprender de cada episodio. Aprender de lo positivo y de lo negativo. Aprender una nueva forma de caminar o aprender aquello que hay que evitar hacer. No importa cómo, pero el hecho es aprender.

Reflexión: creo que deberíamos hacerles más bonita la vida a los abuelitos. Tendemos a desecharlos, pero la sabiduría está en ellos. Podemos ser más modernos, pero nunca más que ellos. Les debemos mucho. Deberían estar más presentes en nuestras vidas. Son muy sabios, tenemos que escucharlos. Me producen mucha ternura los abuelos. Recuerdo lo mucho que nos agradecían que fuéramos a cantarles zarzuela a la residencia. Abrían la puerta del salón de actos y se daban codazos entre ellos para tener el mejor sitio. Se hacían pis en la butaca por no levantarse, no fueran a perder el lugar. Cuando terminaba el espectáculo nos quedábamos a hablar con ellos y a darles la cena. Todo era brutalmente bonito. Muchos lloraban, no querían que nos fuéramos. Una etapa muy bonita de mi vida, la de ir a cantarles a las personas mayores.

Buenos días, familia. Amanece un día espectacular en Madrid. Vamos a que nos chupen la sangre. Tengo una analítica. Después recojo mis cosas y me marcho al aeropuerto, rumbo a Viena. Al comentarle al doctor Córdoba que salgo de viaje, insiste en que me lleve el informe médico para ser precavidos: más vale prevenir que curar.

Llego al hotel. Por la noche comienzo a sentirme mal, con malestar y mucho cansancio. Me noto muy flojo, como la mantequilla que se derrite poco a poco cuando se saca de la nevera. Recuerdo que ha pasado una semana desde la última quimio y los síntomas poco a poco se abren paso. Entro en mi habitación y mi estado va empeorando por momentos. Comienzo a sentir unas décimas de fiebre. «Estoy lejos de casa, estoy lejos del hospital», es lo único que se me ocurre pensar en este momento. Fiebre y unas décimas de preocupación surgen de la nada para adueñarse de todo. Tengo tres días de trabajo por delante, no estoy en España, no sé cómo va a evolucionar todo esto...

En mi mente aparece, como una salvación enviada por el universo en forma de imagen, Suzanne Powell. Recuerdo sus consejos y comienzo a hacer respiraciones conscientes y profundas. Consigo relajarme. Le doy las gracias a mi maestra sin que nadie me escuche. La fiebre va desapareciendo y todo vuelve a la normalidad. Consigo, por fin, dormirme.

Me levanto realmente cansado por la mañana. Agotado, como si un camión me hubiera pasado por encima. Sin embargo, y para fastidio del lado oscuro del cáncer, reaparece Jorge Lucas. Me vuelvo locamente cuerdo y comienzo a ser el mismo de siempre, de ese siempre que evoluciona sin contemplaciones. Me crezco, inmensamente, como un titán, como un dios de mi propio Olimpo, ese que construís todos vosotros, los que me dais vida y ánimo día tras día.

Desaparece el desayuno en mi estómago y yo me siento muy bien. Sin problemas, sin síntomas de fiebre, absolutamente nada negativo. Trabajo en Viena e intento aprovechar los huecos libres. Fotografío el tranvía, ilustraciones en la calle. Acudo a la ópera de Viena y visito el Parlamento. En el Theater an der Wien beso a Shakespeare. Me pateo toda la ciudad, hago de turista al cien por cien. Intento aprovechar todo al máximo; para descansar tengo mi cama y mi casa en Madrid, aquí, solo estoy para disfrutar. Soy un amante del viaje y me encanta ver cosas nuevas y conocer gente nueva.

Vuelvo a Madrid. Iba a escribir «vuelta a la realidad», pero la realidad me acompaña todo el tiempo, vivo en ella y solo presto atención a aquello que realmente importa. Vuelvo a España con la idea de no darme la última quimioterapia, siento que ya no es necesario. Yo siento que no hay nada, que esto ya está liquidado. De todas maneras, los médicos me insisten en que siga con el tratamiento. A mí algo me dice que no hace falta, pero el diablillo vuelve a aparecer y me dice que sí, que lo haga. Los médicos repiten nuevamente que hay que terminar con todo para estar seguros de que el cáncer no ha resistido. Yo escucho atentamente, pero me debato entre el sí y el no. Así pasan estas jornadas, con esa duda existencial. Planteo la duda a mis allegados, a aquellos que siento que me pueden dar una respuesta sincera y objetiva. Muchos coinciden con que no me someta a la última sesión.

Sin embargo el diablillo aparece, está allí y yo continúo con la duda. La acumulación de incertidumbre, de no saber qué hacer, da paso a una única conclusión: acceder, continuar con el tratamiento.

Estas dudas que expreso en apenas pocas líneas han ocupado mi mente durante estas jornadas, a cada minuto, a cada segundo, y suspiro. Es muy fácil leer esto, pero para mí, que lo he vivido, se hace complejo repasar estos momentos, recordar cómo estuve y cómo estoy ahora, sentirme y sentir esa nostalgia cuando viajo en el tiempo en el momento justo que estoy describiendo. Es complicado para mí este libro, donde las lágrimas en situaciones puntuales no evitan mostrarse y caen como si nada. En este periodo de mi vida he vivido muchísimas emociones, y todas me han reconstruido y formado. Hoy cuento en pocas palabras mis dudas, pero ha sido complicado.

Sé que, si no me doy la última quimio, podría mañana autocastigarme por haber tomado esa decisión.

Por si algo me sucediera, más vale prevenir que curar, y debo continuar. Lo acepto sinceramente porque es la última; si quedasen más, no lo haría. Pero esto ya acaba. Tengo la sensación de que ya está, que esto se acabó. Si fuesen más, no lo haría, así que para delante y sin mirar atrás.

Gracias a la técnica zen me doy cuenta, siento, tomo conciencia de que lo único que te cura eres tú. Ni la alimentación ni la quimioterapia ni nada. Sino la intención con la que afrontas, vives y disfrutas de todo esto. Te cura tu alegría, tu buen humor, toda la forma positiva que se llena de plenitud en la atención de todo lo que es tu vida. Es mi humilde opinión. Desde el doce de enero he cambiado tantos hábitos en mi vida que me permito decir todo esto porque lo he vivido y lo estoy viviendo. Apago el wifi para dormir por las noches. El microondas fue lo primero que me quité de encima. El resultado que tengo es maravilloso, compaginar todo esto con la quimioterapia y el estado de humor hace que el proceso no haya sido complicado, todo lo contrario. Me lo he pasado muy bien. De este proceso lo único que nos queda es la gran aceptación y trabajar para que pase cuanto antes. Hablar sobre ello todo el día sería un error, la vida continúa y hay cosas mucho más interesantes por las cuales interesarse. Hay que decirlo con la boca bien grande, sin vergüenza, sin ocultar nada: pues sí, tengo cáncer. Y ya está. Quitarle cualquier connotación al asunto, porque es algo pasajero. Es un vagón de nuestro tren. Hay que pasarlo, vivirlo, sentirlo, disfrutarlo, llorarlo, comprenderlo, cambiar todo lo necesario y saltar al siguiente vagón, para continuar. No tenemos que quedarnos en él, no tiene tanta fuerza como nuestra propia voluntad.

Hay que quitarle el peso tan grande que tiene a la palabra «cáncer»; no es más que una palabra. Le hemos dado tantísima importancia que se ha transformado en sinónimo de lo peor. Para todo el mundo recuerda a la muerte, pero no es así, os lo aseguro. A mí me ha traído tantas cosas buenas que doy gracias a Dios por haber pasado por esto. Esto ha conseguido que saque la mejor versión de Jorge Lucas, espléndido, más vivo que nunca y con hambre de mucho más. Doy gracias a Dios por haber pasado por esto que ha conseguido encontrarme con nuevas formas de mí mismo que no conocía. Ahora escucho más a la gente, me interesa mucho lo que les sucede. Estoy más atento e intento ver de qué manera puedo ayudarlos y hacer todo lo que esté a mi alcance. Y todo eso resulta ser muy bonito. Esto antes a mí no me pasaba, no hacía caso, no me interesaba, pero he vivido este cambio de chip, una vuelta de tuerca. El cáncer ha hecho que yo sea mejor persona. Al cáncer yo lo tenía, antes de pasarlo, en el saco de las palabras feas. Ahora lo he retirado de ahí para ponerlo en el saco de las palabras bonitas.

Ya viene, ya está aquí... ¡¡¡Mi peloooo!!! ¡¡¡Mis canaaaas!!! Vuelven a casa, vuelven, antes de Navidad. Empieza a crecerme el pelo, con una fuerza impresionante.

Me emociono. Me sorprendo, queda una quimio pero ya quiere salir, ya quiere ponerse al día de todo y yo me siento feliz. Está volviendo mi pelo, al que tanto he echado de menos en todos estos meses. Es una señal de que ya queda menos para acabar con todo esto.

«Vive tu familia como nunca antes.
Llénate de ellos»

Doce de mayo, una impresionante sorpresa se abre paso. ¡Viene mi padre! Siempre tuvimos una relación bastante delicada. No ha sido fácil. Choque de egos. Cada comentario sin importancia era el detonante de un debate con destino a la discusión. Doy gracias al cáncer ahora por hacerme ver las cosas de otra manera. Jamás hubiera imaginado que mi padre haría esto. Presentarse aquí, solo, para ver a su hijo. Que venga a comer, sin más. Lo digo así porque para mí tiene muchísima fuerza. Lo que la quimio se llevó trae todas estas cosas buenas, deja paso y espacio a estos detalles que te conquistan la piel. Él viene, mi padre. Lo digo así porque es muy mío. No puedo arrepentirme de nada, solo agradecer que hoy esté pasándome todo esto. Viene mi padre y se merece toda la atención y dedicación que yo pueda darle.

Llega temprano a casa y nos vamos a la plaza del Callao, donde se ve toda mi ciudad, todo Madrid, unas vistas espectaculares, preciosas. Hay momentos en los que soy la persona más feliz del mundo y este es uno de ellos. Tenemos conversaciones de padre e hijo. ¡Por fin han llegado!, y no es tarde, sino el momento justo en el que tenían que llegar. Todo cuadra, todo es perfecto, pienso en la situación, en el entorno, en lo que está pasando en la actualidad, y es perfecto que esto ocurra aquí y ahora. Nos reímos mucho. Me llama pelón, por el pelo que se asoma. Toda esta circunstancia hace que cada vez me guste más y más. Cómo miro a mi padre, cómo escucho, cómo lo siento vibrar. Mi padre va a cumplir ochenta años y pienso darle una sorpresa inmensa. Celebrar este año junto a toda la familia su día especial. Lo va a saber todo el mundo menos él.

Cada vez me gusta más haber tenido cáncer. Fíjate si han cambiado mis prioridades. Hoy tengo muchísimas cosas que hacer pero voy a cancelarlo todo para quedarme con él. En otro momento no lo hubiera hecho, lo sé, por eso es tan maravilloso todo esto. Hoy puedo suspirar con paz y tranquilidad, también emocionado. Nunca había vivido así a mi padre, para mí es muy importante. Un día que siempre quedará marcado en mi cabeza. Como no puede ser menos, acaba un bello y familiar día.

Es el día de la última quimioterapia. Por fin esto parece acabarse. Aunque queda un último tirón. Hablo con

Suzanne antes de aceptar someterme a ese último botellón. Estaba lleno de dudas durante todo este tiempo, ya que sentía que no era necesario, pues me encontraba, y me encuentro, absolutamente bien. Ella piensa lo mismo. Sin embargo este acuerdo se rompe cuando empiezo a dar vueltas a las cosas y aparece la tentación de continuar con todo esto.

No sé muy bien qué hacer. Estoy en la encrucijada. Pienso, pienso y pienso, como soldados de un batallón, miles de síes y miles de noes, con todos sus argumentos, aparecen en boca de otros y me llegan sin piedad. El médico me ha dicho que no es negociable y que hay que continuar. Si el cáncer se reproduce, sería un síntoma de que ha sido fuerte y capaz de sobrevivir a todo el tratamiento; por eso, para estar seguros, hay que llegar al final; de lo contrario, habría que acudir a un tratamiento más agresivo.

Suzanne dice que no. Todo lo aprendido y llevado a la práctica con ella hace que también la escuche. De todas maneras, ella me deja decidir, solo me aconseja, me muestra su postura pero no me obliga a nada.

Ella tiene razón y lo siento así. El médico tiene razón y lo pienso así. Pasión y lógica, sentir y pensar. Dos enemigos poderosos que aparecen en mi mente en forma de diablo y ángel, no ellos, sino sus opuestas posturas.

No sé quién ha ganado. Aparece mi familia en mi cabeza, sopeso muchísimas cosas. Ellos estarían muchísimo más tranquilos si acabo el tratamiento.

Una conclusión activa mis sentidos y me aferro a ella. Es la última quimioterapia. Después acaba esta exposición que hago de mi cuerpo cada vez que vengo. Hoy estoy más convencido que nunca. Las palabras del médico también tienen mucho peso en mis conclusiones: no estoy dispuesto a darle ventaja al cáncer y no quiero hacerme más el tratamiento. Ya he vivido esto, soy una persona a la que le gusta disfrutar de la vida, con lo maravillosa que es. Esa parte ya la viví, Dios quiera que no, pero si pasa, tiro nuevamente para delante con ello, no quiero volver a tratarme y pasar por lo mismo. Quiero cerrar este capítulo de mi vida como sea. Así que, en cierto modo estoy contento porque he tomado la decisión. Sexta y última quimioterapia. Soy consciente de que es la última de mi vida y así será. Nunca más. Último botellón.

Me levanto nervioso pero feliz, todo está a punto de acabar. Estoy en la cama esperando al último momento. Hoy es San Isidro, trece de mayo. Hay voluntarios que nos llenan de cariño. Vestidos de chulapos. Hablo con ellos. Me llenan de besos, sobre todo tres fantásticas señoras. Hay gente maravillosa en la Asociación Española de la Lucha contra el Cáncer. Me hacen sentir especial y muy agradecido, ya que te regalan una parte importante de ellos para que te sientas arropado; y vaya si lo logran.

A mí no es muy difícil sacarme una sonrisa, pero ellos se las llevan casi todas. Se presentan en la sala donde estamos con el tratamiento, nos entregan un clavel simbólico, que significa tantas cosas y que siempre guardaré conmigo. Cuando lo recibo, de esta forma, en esta situación, me doy cuenta de lo maravillosa que es la vida. Sé que puedo sonar repetitivo, pero no paro de sentirlo. Este pequeño gesto me da fuerza, la que creía que no existía, para seguir adelante con todo. Gracias infinitas a ellos, los voluntarios, por esta labor maravillosa y sus muestras de cariño hacia nosotros. Por los que nos ayudan y por lo necesarios que son. Espero que lo sepan y quiero hacer llegar estas bonitas palabras a todo el mundo. Espero estar a la altura con ellos. No se paga con dinero todo lo que hacen. Pienso entregar todo el tiempo que pueda y me sea posible a participar, a hacer cosas con cualquier fundación que esté contra el cáncer porque esto es enorme, parte de este libro irá destinado a esta lucha y a la investigación contra el linfoma. Como me dejo llevar por mis emociones, publico en las redes sociales el clavel que he recibido, siempre agradecido.

Me despido de todo el equipo de la Fundación Jiménez Díaz, que siempre ha sido muy atento y me ha cuidado muy bien. Aunque vaya a sacarme sangre de vez en cuando, ya sé que todo esto se acabó.

Salgo por la puerta del hospital dispuesto a retomar mi vida, a volver a ser quien nunca fui para ser mejor que nunca. Tengo la oportunidad de rehacerme, tengo la oportunidad de vivir nuevamente, de nacer otra vez, y no la puedo desaprovechar. Estoy dispuesto a todo. Mi vida se vio condicionada por los efectos de las últimas quimios, pero ahora es diferente. Dejo atrás este periodo que afronté de la manera que nadie me enseñó y dejándome llevar por el corazón y mi absolutamente loco e ilógico buen humor. Esta sensación no te la enseña nadie y es maravillosa. Solo puedo sentir un alivio muy grande.

A la espalda dejo tantas cosas que solo puedo mirar hacia delante, dejarme llevar por lo primero que me viene a la piel, el teatro. Soy feliz, las únicas dos horas que me toca estar mirando el espectáculo soy feliz porque el teatro vibra en mí, porque nos mezclamos y mis ojos brillan como si fuese la primera vez. Cuando estoy en el teatro, estoy en casa, en mi hogar.

Los efectos de la quimio comienzan a portarse bien. No me encuentro tan cansado. Tener las defensas altas ayuda mucho a pasar todo esto de una forma más positiva y especial. Nunca bajé los brazos, nunca pasó eso por mi mente, no me lo puedo permitir. Todo está perfecto. Aparecen los mismos efectos pero nada de qué preocuparme. Estoy encantado con esto.

Ya ha acabado, ya ha acabado. Jorge Lucas es bruto muchas veces. Tengo un ritmo de trabajo más alto de lo normal y me distraigo entregándome por completo en ello. Tengo la cabeza que me tiras contra una diana de velcro ¡y me quedo pegado! ¡Soy un kiwi! Es miércoles y me doy cuenta de que pincho muchísimo, de que mi pelo está creciendo. No puedo evitar reírme de mí mismo. Mi amado pelo está volviendo aparecer y no puedo dejar pasar esta ocasión para manifestar con humor esta alegría que me da mi templo, mi cuerpo. Comienzo a notarme un poco cansado, pero todo marcha muy bien, tengo ganas de todo; o eso creía yo...

«Llora cuando tengas que llorar»

Jueves negro. Así podría titularse este capítulo por lo que voy a contar a continuación.

Es el único día que no puedo levantarme de la cama. Apenas consigo despertar y me siento como si una apisonadora me hubiera pasado por encima. Todo me pesa, el apellido, el aire, las sombras, la aguja del reloj y la sonrisa. Me duelen los hombros, siento una opresión en el pecho, en todas las articulaciones. No es que algo no vaya bien, es que nada va bien. Cancelo todas las reuniones que tengo como puedo porque no me queda otra opción que quedarme en la cama. Simulo que todo va bien, no quiero preocupar a nadie. No concibo ahora mismo algo más. No puedo reaccionar. Intento dormir y lo hago, no sé cuántas horas, diría que muchas; o quizá pocas, no lo sé, qué más da. Veo la televisión, leo, hago de todo para ahogar esta pena que el cuerpo refleja. Jueves gris u oscuro, el peor día del tratamiento hasta hora. Lo paso muy mal, no sé medir el malestar que tengo dentro y encima. A pesar de todo, intento animarme. Reacciono: «Son los últimos coletazos, has llegado hasta aquí Jorge, ya queda poco. Sigue para delante, aguanta. Ya no queda nada.» Lo repito varias veces mientras todo pasa. Jueves gris nada especial, pero lo vivo como algo sumamente importante para mí. Soy más fuerte que todo esto, aunque esto sea horrible, aunque me duela todo el cuerpo, soy más fuerte.

Como todo esto es mágico, el viernes amanezco como si no hubiera sucedido nada. Nadie lo sabe, solo yo y estas cuatro paredes, y todo quedará aquí, en mi recuerdo, en estas líneas tan apresuradas que escribo. Tengo una comida de trabajo, asisto. En un ahogo en forma de suspiro. Recuerdo que llevo muchos días sin ir al teatro, el rincón santo que cura todos mis males. Parece que me falta el aire; hoy vuelvo a ser el mismo.

Pasan mis jornadas llenas de reencuentros con compañeros de profesión, estoy contento y a mi gente le cuento que todo ha acabado (entre comillas). Me felicitan y las risas forman parte de mi esencia, de mi día a día, de mi rutina. Amor del bueno.

Noto que estoy perdiendo mucha ceja, se me cae. Me extraña y la única explicación, siempre positiva, es que el pelo viejo está dejando paso al nuevo. Si lo siento ya en mi cabeza casi rapada que comienza a pinchar, tiene que ser esto. Es lo último que se me va a caer, hablo del pelo. Poco a poco me doy cuenta de que estoy siendo otra persona. En la forma de expresarme con los demás, en mis propios pensamientos. En la manera en que estoy viviendo, hoy disfruto mucho más de la vida, de la comida, de los reencuentros, de las llamadas y las alegrías. Todo es maravilloso.

Una idea no tan loca toma posesión de mi cordura y decido apuntarme a clases de cante flamenco, todos los lunes, con mi nueva profesora, guapísima ella, Caridad Vega, la mejor. ¡Este kiwi tiene muchas ganas de aprender! No para hacerlo como profesional, sino para mantenerme en activo, vocalmente. Siempre por alegrías, mi mejor impulso. Estas clases me dan mucha vida, somos pocos pero me llenan bastante. Ella da muy bien las clases, nos ayuda muchísimo, es espectacular.

Aquí y por esta experiencia que me ha tocado vivir, humildemente les aconsejo a las personas que estén pasando por este trance que se apunten a hacer algo, que no estén las veinticuatro horas del día con el cáncer en la cabeza, no hay que darle tanta importancia a esto. Taller de lo que sea, o algo que siempre hayan querido hacer y por falta de tiempo disfrazado de excusas no hayan hecho. Es una gran oportunidad para llenarse de cosas buenas y aprovechar todo esto, no dejar pasar nada bonito que podamos hacer y no darle cabida ni importancia al cáncer.

Me marcho unos días a Campo de Criptana a visitar a mis padres. El camino a la Mancha siempre me llena de paz y lo comparto en las redes sociales. Los molinos de viento son fantásticos, aludo a Don Quijote creyendo que son gigantes. Es una maravilla, ¡viva la Mancha! Besos en el alma para todos.

De vuelta ya en Madrid me llaman de la Fundación Aladina, la campaña Achuchón, una campaña que pretende recaudar fondos para reformar la UCI del hospital Niño Jesús de Madrid. Buscan una inversión de un millón y medio de euros para todos los niños gravemente enfermos. El reto es implicar a todos los ciudadanos y empresas en esta campaña solidaria para conseguir que la nueva UCI Aladina sea pionera. Allí se tratan todos los casos graves y oncológicos. Uno de mis sobrinos estuvo ingresado y fui a visitar a los niños cuando estaba en la serie *Yo soy Bea*, para alegrarles la estancia. Decido participar y me involucro mucho. Creo un vídeo hablando a cámara para invitar a todos a que participen en esta causa. Enviar la palabra «Achuchón» al 28014 para colaborar. Me dan las gracias por el gesto, pero soy yo siempre el agradecido con todos ellos, por hacerme participar en algo tan importante y especial. Me doy cuenta de que con muy poquito podemos hacer mucho entre todos. Aportando cada uno, de corazón, lo que pueda. Es una de las cosas de las que a mí el cáncer ha hecho que me diera cuenta. Por supuesto no todo el mundo puede participar en asociaciones, pero aquellos que puedan, como es mi caso, y quieran, tienen que hacerlo, porque es tan gratificante que llena el alma.

¿Rememorar el viaje que realizó el emperador Carlos V en 1556? Si me lo planteo esto hace un año ni lo sueño, pero hoy estoy aquí. Es día de senderismo por la Vera, camino de las Culatas, ruta de Carlos V, veinte kilómetros. No sé si aguantaré tanto pero lo intentaré. Lo que se puede ver, sentir y admirar es increíble, el aire de Extremadura, tan puro y reconfortante. Me meto tanto en la piel, me concentro de tal forma en este viaje que imagino que estoy realizando el mismo camino que el emperador cientos de años atrás. Caminar por estas montañas y admirar el paisaje. Abro los brazos para dejarme llevar y abrazar por el viento. Llego a la garganta de Jaranda. ¡Dios mío, qué bonita es! Mi acompañante me reta, no me ve capaz de meterme en el agua y beber de ella. Está demasiado fría, pero yo me atrevo a todo. Tengo tanta fuerza que se queda alucinando. Me meto y es una sensación fantástica. Esto es naturaleza pura y me dejo hacer y llevar. Me encanta estar nadando aquí. Me encanta estar hoy aquí y ahora. Me emociono sin explicaciones, todo sobra, las palabras o las explicaciones. Me gusta todo esto; esto que nunca imaginé y que llega a mí para transformarme, para quitarme la venda de los ojos y poder disfrutar más de todo, de la vida. Adiós estrés, adiós preocupaciones, adiós malestar, adiós gente tóxica, la quimio se llevó muchas cosas y no me arrepiento de nada.

Llegamos al monasterio de Yuste, imposible no visitar este lugar y quedarme admirado por tanta historia.

Me mezclo con las estatuas, con los cuadros, con las estructuras. En la garganta de la Olla (en Cáceres) compro aceite, queso, cerezas. Dos cajas enormes, baratísimas y exquisitas. No compro más cosas porque me paran. Si fuese por mí me lo llevaría todo. Se ha acabado comer tan mal, apurado, sin disfrutar de los alimentos, o llenarme de comida basura, rápida y casi plastificada. Todo eso es parte de mi pasado, ya no está. Inconscientemente valoro todo esto. Cada vez que pruebo una cereza, un queso y los disfruto, dejo que el sabor se esparza por todo mi cuerpo y sé que él me lo agradece. Recuerdo a Suzanne y sus enseñanzas y como ella dice: «Soy zen de la cabeza a los pies.»

Fin de semana lleno de tranquilidad y armonía. De pasear como hacía tiempo que no ocurría. De leer y perderme en las hojas, en las líneas y soñar despierto. Sin estrés, solo y, por fin, ser consciente de la naturaleza, de lo que nos regala cada día. Además, sumar el ejercicio, que me sentó de lujo.

Vuelvo a Madrid y retomo las clases de cante flamenco. Academia de Flamenco Amor de Dios; y en el Amor de Dios hay peces que quieren escuchar flamenco. Por la noche acudo a la colección de mi buen amigo Víctor Caballero, todo un artista: Colección Raíces, que me deja alucinado. Como no puede ser menos, durante la semana vuelvo al teatro para ver a Juan Valderrama, un repaso a la vida de su padre. Anécdotas maravillosas, un espectáculo muy entrañable *Bajo el ala del sombrero*.

Durante estos días me encuentro a mi gemelo por las calles, no puedo evitar la tentación de sacarme una foto con él y desearle cosas bonitas. No expresó grandes emociones al verme, pero tuve que acercarme, y cuando me alejé seguía con la misma expresión. Aunque estaba rodeado de flores, la calavera siguió a lo suyo mientras yo me despedía tan entrañablemente.

«Antes del cáncer, pensaba solo en mi trabajo
y en todo lo ajeno. Ahora soy el
principal protagonista»

Once de junio, acudo a la comunión de Alvarito, el hijo de mi hermana del alma, Lara Dibildos. Es una ceremonia sencilla y acogedora, de esas que uno siempre agradece porque puedes expresarte y disfrutar con mayor tranquilidad todo lo que sucede.

El niño siempre me hace burla por mi forma tan peculiar de reír. Yo lo disfruto. La vocación de payaso que tengo no hace más que reforzar cualquier broma. Me reencuentro con muchos conocidos. Álvaro padre está especialmente cariñoso conmigo, yo se lo agradezco, sé que está muy pendiente de mi proceso. Yo siempre trato de quitarle hierro al asunto, que todo fluya, y de sacarle una sonrisa.

Me encuentro con mi amiga del alma que está guapísima, espectacular como siempre, y se lo hago saber. La conexión que tenemos nos hace reírnos con apenas mirarnos. No es un gran acontecimiento con respecto a la magnitud de la ceremonia.

Hablo con María Valenzuela, que me enriquece muchísimo con todo lo que me dice. Le presto atención ya que me inspira un respeto absoluto. Este es un grupo de personas muy auténticas que me hacen sentirme uno más de la familia. Ni se imaginan lo agradecido que me siento en este momento.

Sigo sin cejas, sigo pareciendo un kiwi y esta segunda observación pasa a ser el comentario principal de la comunión. Todos se muestran entusiasmados por la aparición tímida de pelo. Es una gran señal de que pronto volveré a recuperar mi anhelado cabello. La comunión se alarga y acabamos cenando en casa de un amigo. Yo noto algo de fatiga, no puedo seguir el ritmo. Conozco mis límites y decido relajarme. Doy una vuelta por Madrid con dos amigos pero enseguida me retiro a descansar.

Quince de junio. Me llaman de la Fundación Came Came. Álex Lequio, el hijo de Ana Obregón, presenta su fundación arropado por su familia. Es una cena benéfica cuyo fin es la difusión e información de la rehabilitación neurológica. Came Came nace ante la ausencia de atención para las personas con daño cerebral y la inexistencia de apoyo a los familiares. Lara Dibildos viene conmigo. Acude gente muy conocida de los medios. Una velada muy bonita. Me toca subir al estrado a contar mi experiencia. No sé por qué pero siempre me pongo nervioso al explicar mi situación. Cuento la forma en que estoy llevando la enfermedad. Jaime Peñafiel se acerca a mí y me da la enhorabuena, Ana Obregón está muy cariñosa conmigo. Detalles que nunca voy a olvidar. Álex Lequio me da las gracias por acudir y me pregunta si puede contar conmigo para futuros proyectos. Yo, encantado, digo que sí, que los ayudaré en lo que pueda, siempre a las órdenes. Me llaman para muchos actos benéficos, lo cual me alegra muchísimo.

El dieciocho de junio estaba programado el estreno de la obra *Mi sentir en Pablo*, pero se suspende por problemas técnicos. Iba a estar en Sevilla con toda mi gente, con lo que a mí me encanta Sevilla, y ha sido una pena no poder acudir.

Me da por ir al Museo del Prado. Soy un gran amante del Bosco y hay una exposición de pintura y arte imprescindible. El hermoso día y el sol resplandeciente parece que me acompañan en esta jornada especial, aunque últimamente todas son auténticas para mí. Es una ocasión única para ver las obras del pintor y no podía perderme nada de esto.

Más tarde hago un vídeo, invito a mi familia (o sea, los seguidores) a que asistan a la sala Kapital al concierto solidario de Modestia Aparte, a beneficio de la Asociación Española contra el Cáncer: todo lo recaudado irá para ellos. Lara Dibildos y yo seremos los presentadores. Aquí, en estas humildes líneas, agradezco la invitación a Mar Rosado y a Fernando, la voz de Modestia Aparte.

Voy camino al hospital a por una nueva gastroscopia, recordando de pasada la experiencia de la última vez, aquella tan graciosa, cuando acabé en el suelo. Durante el proceso me olvido del acto, todo tiene un sabor diferente. Para mí se ha convertido en rutina. Solo espero a que todo esto acabe cuanto antes, justo cuando apenas había comenzado. El médico no es el mismo del de aquella vez y no adelanta el resultado, así que me toca esperar un poco más, a que el gastroenterólogo me llame, para saber qué noticias tiene para mí. Hasta mañana...

PET, TAC, prueba médica y yo estoy un poquito más payaso que ayer, pero menos que mañana. No hay quien me entienda, eso es lo de menos. Mi hermana me recoge y nos vamos al hospital Juan Carlos I. Algunos dicen que es la prueba más efectiva para detectar el cáncer y para la detección precoz de tumores. Te ponen una vía, te meten en una habitación que parece una heladera, blanca y fría, sin sentimientos. Podrían sobrarme los motivos para protestar, aunque nadie me escuchara, quizá para formar parte de lo inédito, de aquello que a veces se manifiesta para desahogar las no penas y dejar de ser un poquito cobarde. Una habitación blanca, vacía, sin calor, sin tacto y con muchos pretextos. ¿Qué puedo hacer yo aquí? Pero aquí estoy yo, no puedo leer ni tener el móvil. Me inyectan el contraste y me dicen que tengo que beber una jarra entera de agua durante una hora, como si esto fuera a apaciguar mis pulgas. Me quedo en calzoncillos, por respeto, si fuera mi casa estaría como mi madre me trajo al mundo. Me dan una bata de usar y tirar, como un clínex gigante del cual, según quién, se utiliza hasta el último espacio seco.

Voy a una sala, aún más fría, en la que casi no corre aire, me tumbo y me meten en un dónut gigante. Esto comienza a moverse y yo dejo de soñar un poquito para tener pensamientos absurdamente inquietantes. Entro y salgo durante cuarenta minutos, oigo mil ruidos. Tengo que estar quietecito, no moverme nada. ¿Cómo hacerlo? Yo lo intento, me lo tomo como un juego. Una obra de teatro entera podría haber escrito en ese rato. Una momia ingerida por un dónut gigante (no, demasiado largo). El dónut que abdujo a la momia (tampoco, es que entro y salgo). El dónut y la momia (y que se imaginen lo que quieran). Soy el relleno del dónut.

Nos vamos de concierto, es la gran noche. Saludo a todos con mucho respeto y alegría. Siempre me tratan con mucho cariño. Hablo con mi hermana del alma y nos preparamos para presentar lo que va a ser una gran noche (sin querer sonar como Raphael). Me noto cansado, trato de estar presente y con todas las ganas en lo que estoy viviendo, pero es notorio en mi rostro y los párpados comienzan a pesarme, me siento cansado y decido marcharme a casa antes de que acabe el concierto. Lo ideal sería quedarme, pero mi papel ha terminado y siguen ahí algunos efectos de todo el proceso. Hasta Superman necesita descansar y hoy este cuerpo debe ser respetado. Ojalá pudiera estar todos los días a tope, pero, por hoy, basta.

En el Teatro de la Zarzuela se presenta una obra maravillosa. El Ballet Nacional de España, con Antonio Najarro, bailarín, coreógrafo y director. Me hace sentir muy orgulloso de lo que acabo de ver. Este artista, con todas las letras, lleva, con su labor impactante, el ballet español al sitio que se merece. He disfrutado mucho con la danza y él es un grande. Gracias por este trabajo tan espectacular.

Veinticinco de junio, puede que si alguien me hace una prueba con un payasómetro lo rompa, pero así amanezco. Muestro mi reservorio en las redes sociales con una gracia y una alegría fuera de toda lógica. «Mi reservorio y yo os damos los buenos días, familia. Cuando lo pulsas, me río.» Me espera un sábado lleno de humor y bienestar. Imposible desaprovecharlo.

Se produce otro atentado. Es realmente triste que pasen estas cosas hoy en día, que el ser humano no se respete, que aún sigamos actuando en nombre de la violencia para justificar cualquier acto. Hace poco fue París, luego Orlando y ahora Turquía. Es desagradable ver todo ese sufrimiento, que es lo único que tales actos producen. Hablo con mis amigos de lo sucedido. Cuesta aceptar que estamos viviendo en un planeta en el que no va bien todo y que reinan estos hechos desagradables en algunos sitios, donde la vida es sinónimo de muerte, de sobrevivir. Otro nuevo atentado y el miedo se apodera de esta jornada. La pregunta más poderosa es hasta cuándo. Es un día de luto porque, quizá, personas que no se lo merecían han fallecido sin preguntarles, sin respetarlas, sin pensar en nada.

Recibo la visita de José, él también pasó por un cáncer y hoy está pleno y entero. Es una bomba y nos reímos muchísimo. Años sin vernos y parece que nos vimos ayer. Bromeamos con el tema de la radioterapia, el último control que me queda para poder decirle adiós a esta etapa de mi vida y, sobre todo, al cáncer que ya no está. Me dice que la radioterapia me va a dar poderes, que me voy a convertir en un X-Men, no sería mala idea, podré doblar tenedores y cucharas, seré padre de todo lo metálico; eso no estaría nada mal. Posdata: ya tengo cejas y este kiwi va creciendo.

«Cuídate, no te dejes. Cuando digo cuídate me refiero a que no tienes por qué descuidar tu imagen»

Siete de julio, fecha clave. Van a quitarme el reservorio que me insertaron en el tórax mediante cirugía ambulatoria. Es un pequeño disco de plástico del tamaño de una moneda de cincuenta céntimos que se coloca bajo la piel. Un tubo delgado y blanco permite conectar el reservorio a una vena de gran calibre y a través de él me han administrado medicamentos y también me han sacado sangre.

Llego a la Fundación Jiménez Díaz muy nervioso. No sé por qué pero soy un saco de inquietudes. Las enfermeras lo notan y tratan de tranquilizarme. Me dicen que no me dolerá la intervención. Pregunto si podré verlo. Me dicen que sí, que lo lavarán y podré llevármelo. Así será. Esa especial labor, ese trato amable, me tranquiliza. Acaba la intervención y lo prometido es deuda. Me llevo el reservorio conmigo. Para mí es muy especial. Significa un premio, una medalla. He sido galardonado por seguir los pasos y superar cada día más todo esto. Me lo merezco y lo guardaré siempre conmigo, para recordar todo esto tan positivo que me ha ocurrido.

Tengo que ir a celebrarlo y el concierto de Pink Martini es una gran ocasión para hacerlo. Me junto con mis amigos y celebramos otro paso más en mi carrera de esta etapa. Me lo paso muy bien con ellos, muy buena música, tocan canciones conocidas, populares todas ellas, y es imposible no bailar. Son espectaculares.

Me doy cuenta de que pongo el corazón en todo lo que hago. No lo aprendí, simplemente surge así y siento que es lo mejor que puedo hacer. El corazón tan inteligente con un poder absoluto me guía de la mejor manera, me ilumina y me señala el mejor camino posible. No hay discusiones ni otros planteamientos. El camino del corazón, en el que no puede haber errores, solo soluciones y alegría. Hoy me encuentro con muchas más fuerzas que meses atrás. Mi voluntad ha ido creciendo día a día, a pesar de algún jueves gris, he superado estos obstáculos y estoy creciendo. Tengo muchísimas ganas y tanto que dar que solo pienso en seguir adelante, con más ilusión y ganas que nunca, con el corazón como bandera y escudo. Repito que cada día me gusta más este Jorge Lucas, que ya tiene pelo, que ya está empezando a ser como nunca fue.

El trece de julio, para no cambiar mis buenos hábitos, vuelvo al teatro. Hoy toca dejarme caer por la obra *Trabajos de amor perdidos*, de William Shakespeare, con un magnífico reparto. Soy muy fan del autor y disfruto mucho de lo que veo. Me siento contento, veo el esfuerzo de mis compañeros y me alegro mucho.

Sigo sintiéndome muy bien, cada día más, no hablo de ánimos, hablo de más cosas. Todo se adhiere a mí de una forma especial, todo me sabe bien. Son vientos de cambio que iluminan. Se me eriza la piel porque ahora escucho a mi cuerpo y me dejo llevar. Dejo que afloren mis emociones y todo cambia. No hablo de ánimos, repito, hablo de más cosas... Sigo yendo al teatro y sigo pasándolo muy bien, como siempre.

El atentado de Niza me impacta mucho. Vuelvo a preguntarme por qué. Solo deseo la paz, simplemente eso.

Continúo como cada lunes mis clases de cante flamenco con Caridad Vega. Son clases que me aportan muchísimo y aprendo cada día más de esta preciosa mujer.

Hoy pienso en todos ellos, en mi familia, mi gente, que siempre ha estado ahí. Son todos los que se han manifestado a través de las redes sociales, dándome ánimo y compartiendo sus casos y experiencias. Tengo la necesidad de enviarles flores en agradecimiento a todos ellos, a todos vosotros que me dais la vida; sin vosotros esto no hubiera sido posible. Gracias por llenarme de tanto cariño y amor. Cada día me convenzo más de que los que me curan sois vosotros, mi gente. Besos en el alma.

«La mejor defensa es una gran sonrisa»

Veintiuno de julio. Comienza el tratamiento de radioterapia. Es algo que nunca me ha gustado y no me convence mucho saber a lo que voy a estar expuesto. Dudo bastante en seguir con esta parte del tratamiento. Mi médico, siempre tan seguro de su única visión de esto, me aconseja, sin dar opciones, a continuar, aunque yo tengo la última palabra. Como con la quimio, mi cabeza no para de pensar y analizarlo todo. Sé que no es necesario pero... no sé.

Siento que la radiación no va a traerme nada bueno. Suzanne me recomienda no hacerlo. Nuevamente aparecen el angelito y el diablo. En cada extremo de mi cabeza. Al doctor Córdoba no le sienta nada bien que yo decida dejar el tratamiento. Dudo y dudo y hoy estoy aquí. Decido hacerlo. Firmo un papel que me hace temblar de dudas (nuevamente). Yo me hago responsable de las consecuencias, de todo lo que me pueda afectar la radioterapia. Muy bonito todo. Paso noches sin dormir porque no sé qué hacer. Pienso en mi familia, mi gente; todos coinciden en que va a pasar rápido, que durará solo un mes. De todas formas, el no sigue estando presente en mi mente. A pesar de aceptarlo, sigo en esta encrucijada. Solo me queda suspirar entrecortado y tirar *pa'lante*.

Hoy tengo la cita con el radiólogo. Le pregunto de todo. Quiero estar seguro aunque no lo esté, y nada me convenza ni me tranquilice. Me dice que vamos a dominar la zona, que es preventivo. Eso me calma, más o menos. Me toman medidas, me tatúan el vientre y alrededores para saber dónde tienen que dar exactamente las radiaciones. Comienza el tratamiento, solo un mes, Jorge, solo queda un mes.

Utilizo la enseñanza de Suzanne y me pongo a meditar en la sala de espera. Tengo que tranquilizarme para pasar mejor este trance. Me encuentro con un cartel que me recuerda dónde estoy metiéndome: zona de permanencia limitada. Riesgo de irradiación externa. A pesar de ello, tengo tiempo para subir una foto y calmar a toda mi gente: «Con solo una mirada, muevo objetos, hago palomitas, envío e-mails, doblo tenedores... Valgo *pa'tó*.»

Ya me veo aquí. Me desnudo de cintura para arriba y me tumbo en la camilla. Observo a mi alrededor y aparecen los satélites. Una máquina empieza a girar. Parece que me observa porque no para de moverse. Nos miramos a los no ojos y sin preguntar (porque ya sabe a lo que he venido) comienza a irradiar.

Veintitrés de julio. Me voy de boda. Unos amigos que quiero con el alma deciden celebrar su unión. ¡Que vivan los novios! Todo es emotivo. Es un día especial. El padre de uno de mis amigos habla de la relación entre los dos y todos nos emocionamos. ¡Llora hasta el apuntador! Abrazos, lágrimas y sonrisas. Qué buena mezcla de sensaciones. Me reencuentro con gente que hacía tiempo que no veía. Bailamos hasta altas horas de la madrugada. Soy muy feliz en la boda con los chicos y alguien nuevo se presenta en mi vida...

Veintiséis de julio. Es el cumpleaños de un ser maravilloso, una maestra única. No sabe lo especial que me siento al haberla conocido, y compartir este momento con ella significa muchísimo para mí. Suzanne Powell cumple años y yo estoy muy feliz a su lado. Nos reunimos un pequeño grupo. Estar junto a estas personas me hace crecer mucho personalmente. Vamos a comer a un restaurante vegetariano, ecológico. Como ya sabéis, la alimentación es algo importante para nuestro organismo y Suzanne es la principal pionera de todo esto. Todos encantados compartimos la mesa. Me siento muy querido por ella.

Continúa mi semana con un fotomontaje especial. Se me ve doblando una cuchara. Si esto hace feliz a la gente, bienvenido sea; yo formo parte de esto y me divierto mucho. La vida puede que tome un color más romántico esta semana... Acudo a fiestas y noto que me canso mucho más que antes. Supongo que es lógico y respeto el mensaje que me envía mi cuerpo. Además, veo la zona radiada muy roja. Las energías no son las mismas, sobre todo cuando llega la tarde. De todas maneras, me voy con Suzanne y Niza a comer a casa de Lara. Niza queda absolutamente impactada y feliz. Conocer a Suzanne es una sorpresa para ella. Es una seguidora suya desde hace mucho tiempo, y no para de reírse y dar las gracias por este encuentro.

Aparece una nueva rama de este árbol multicolor. Comienza el verano y eso significa barbacoas y reuniones con amigos. Un esfuerzo inexistente pero existente es lo que atrapa. Para mí, en singular, y con nadie que se sacrifique conmigo por hacerme compañía. Las barbacoas son todas vegetales: como muchas verduras a la brasa mientras veo cómo los demás se hinchan a carne y a chorizo... Suspiro. Quizás alguna lágrima imperfecta caiga en este papel. Pero no saben que van a ponerse gordos, que consumen grasa y yo, mientras me río con mi particular risa, sé que estaré más guapo que nunca. A todas esas cosas que yo, y ahora hablo en serio (escribo en serio, mejor dicho), veo con ojos muy diferentes. Soy consciente y me cuido.

Decido colgar un vídeo que grabé en enero, cuando todo esto apenas había comenzado. Lo grabó mi amiga Patri y lo muestro para que la gente vea cómo hay que tomarse todo esto. Resume cómo está siendo mi tratamiento, mi recuperación, y cómo estoy llevándolo todo.

Con humor y para el humor. Así es como ha salido de mi ser comportarme, quitándole importancia porque no se merece tenerla.

El fin de semana me marcho a casa de Ángeles Martín. Lo celebramos juntos y muy a gustito. No puedo tomar el sol, me baño con camiseta y cada vez el cansancio es más grande.

El principio sin consentimientos se asomó con la
*   tragedia,*
todo el estallido dividía mis ganas de saber menos y
*   sentir más,*
me dejé seducir por la gota de rocío
que acariciaba mi piel, palmo a palmo, pulso a pulso,
caminé sin consecuencias, pisando fuerte, y descubrí
que estaba solo, aunque no lo quise ver.
La soledad era un combustible de seguridad,
abrazaba mis anhelos, justo en las sábanas que me dejé
*   amar.*
¿Valentía o miedo?
Solo puedo inclinarme al aliento que deja
el instante que fuimos.

Sonrían, señores, no dejen de sonreír.

Los desvaríos del veraneo, una función divertidísima, de lo mejor que he visto en mucho tiempo, con un elenco que sabe estar y bien pulido. Un texto maravilloso y talento puro en la dirección.

Me reencuentro luego de mucho tiempo con Charo Reina, en un desayuno que se alarga porque hay mucho que contar y mucho cariño necesario que intercambiar. Son muchas cosas.

El verano se me hace cuesta arriba, por el cansancio, por el calor de Madrid, porque muchos se han ido de vacaciones y yo no puedo irme muy lejos ya que debo continuar con el tratamiento. Empiezo a encontrarme más decaído, por el tratamiento (lógicamente, eso será).

Devoro todos los libros que caen en mis manos en estos días. Al sentirme tan cansado comienzo a pensar nuevamente en dejar el tratamiento. Así que debo mantenerme ocupado y ser fuerte. Necesito distracción. Leo una cita de Elisabeth Kübler-Ross: «Las personas más bellas con las que me he encontrado son aquellas que han conocido la derrota, el sufrimiento, la lucha, la pérdida y han hallado su forma de salir de las profundidades. La gente bella no surge de la nada.» La noche cambia de sentido y yo solo puedo dejarme llevar.

Echo muchísimo de menos a María. Tengo tantas cosas que contarle, me han pasado tantas cosas... y la necesito. Me gustaría tenerla a mi lado aunque sepa que está aquí. Necesito que me dé consuelo, su opinión, que me aconseje, pero no tengo respuesta...

Hoy estoy mejor. Me voy a Campo de Criptana a visitar a mis padres y a ver a unos compañeros que estrenan un homenaje a Sara Montiel: *Mi última noche con Sara*. Han creado una joya maravillosa. Orgulloso de ellos, de ese equipo que hace posible este homenaje tan entrañable a Sara Montiel. Es un fin de semana maravilloso, perfecto para distraerme y centrarme en mi familia y estas bellísimas personas. Formamos un grupo entrañable.

Vuelta a Madrid, cada vez me canso más y me cuesta ir al hospital.

«Cambia el significado negativo de la palabra
"cáncer". El cáncer es aprendizaje»

Veintitrés de agosto. Puedo decir, gritar, pensar, cantar que ¡por fin! he llegado al final, el final de todo, de absolutamente todo. Se acaba el tratamiento y siento que lo he superado, ahora sí. Aprieto el puño, cierro los ojos y me digo: ¡Por fin! De repente y a pesar de algún aviso difuso hace unos cuantos meses del médico. Han sido casi nueve meses —¡Dios mío, nueve meses!— en un estado de alegría, buen humor y cachondeo, pero todo hay que decirlo, paso días llorando en la cama. Llorando y llorando, sin consuelo, sin tener ningún motivo, no hay emoción, no hay castigo, no hay reproche ni delirios. Lloro de todo y nada.

Lágrimas en los ojos,
lágrimas en el pecho,
suspiros desolados

sin condiciones, sin retorno.
Lágrimas que hablan,
que escuchan, que hieren,
lágrimas al ritmo de tu cuerpo,
de tu dolor, de tu angustia,
lágrimas que llegan y se van,
dejando un vacío
entre tu alma y tú.
Lágrimas que no se esconden,
que no piden permiso,
que aparecen en un momento injusto,
lágrimas que duelen más llorarlas que escucharlas.
Lágrimas que rompen el suelo,
que suplican, aclaman,
lágrimas de revolución,
de flato, de martirio.
Lágrimas que miran cuando se van,
que se abrazan cuando se van,
que se desmoronan cuando se van.
Lágrimas que reclaman tu ausencia,
ya no resisten pero tampoco se acaban.
Lágrimas que engañan, que huyen,
lágrimas de realidades y también de sueños.
Lágrimas que han llegado a mí
y hasta que, una por una,
no desaparezcan,
no voy a dejar de llorar,
lágrimas.

Los médicos me dicen que es normal, que al haber estado tanto tiempo así, a tope todo el tiempo, es normal. Que tengo que pasar un luto, que me merezco esto, este estado que me asusta, porque no me recuerdo así. Pienso que tengo que estar alegre por terminar este ciclo de mi vida que llega a su fin, como un broche de oro; sin embargo, algo me ocurre en la cabeza, un estado de desasosiego, tristeza y melancolía insoportables. He estado tan arriba siempre, con tantas expectativas, que todo se ha caído de golpe. Quizá sea mejor que ocurra esto ahora, cuando ya ha acabado todo.

Una jornada me levanto muchísimo mejor, con buenas sensaciones. Ha durado tres días, tres días de diluvio, pero solo ha sido eso. Ya ha pasado mi luto, me he desahogado, ya pasó todo. Es el momento, hoy empieza lo que ya se terminó.

Posdata

Cinco de octubre, tengo una hermosa necesidad de hacer oficial la finalización de mi proceso. Durante las últimas semanas he estado planeando esta fecha tan especial. Se me ocurrió la idea de formar una asociación para ayudar a todos aquellos que padecen, de diferentes maneras, lo que a mí me ha tocado vivir. Y también puedo festejar mi cumpleaños número cuarenta y cinco y matar dos pájaros de un tiro; así podría coincidir esta fecha tan especial con la inauguración de la asociación Besos en el Alma.

Expliqué el proyecto a todos mis seres queridos, mis amigos más íntimos, mi gente, todos aquellos que formaron y forman parte de mi existencia. El objetivo principal es mejorar la calidad de vida de las personas diagnosticadas de cáncer.

Convoqué a los medios y yo estaba muy entusiasmado. Hubo muchas sorpresas. Acudieron muchos artistas, amigos invitados. Mi hermana del alma, Lara Dibildos, presentó la gala. Supe que esa noche era el broche de oro de todo este proceso. Estaba abrumado: muchísima gente a la que atender y a la que estaba inmensamente agradecido. Muchas fotos, algunas entrevistas, risas y más risas. Una noche única. Intenté hacer que para todos los asistentes fuera lo más especial posible.

Recibí canciones muy bonitas, me obligaron a sentarme sin hacer nada y yo solo pude emocionarme viendo a mis amigos y compañeros de escenario regalarme un trozo de su alma e inspiración. Monólogos y experiencias propias que vivieron junto a mí. Me reí mucho y ellos conmigo. Mi familia estuvo presente, en el primer palco. Me rompieron el corazón para llenármelo de emoción y alegría. Mis padres participaron en un vídeo especial. Oír la voz de mis padres fue algo tan vibrante, tan interno, que las lágrimas se me escaparon. Que mis padres dijeran que estaban orgullosos de mí y que me animaran a continuar hacia delante me hizo sentirme de una manera que no sé explicar. Busco palabras, busco la expresión más bella que pueda nacer en mí y no la encuentro. Me emociono ahora mismo al recordar todo aquello tan reciente. Me tocó hablar y no tuve nada que decir, me temblaba la mandíbula, solo pude llorar. El silencio era tan radiante y expectante, tan fuerte e intenso, que rompieron todos en un aplauso alucinante que siempre voy a recordar. Terminó el espectáculo, siguieron los abrazos, los besos, las risas, las gracias. Poco a poco se despidieron. La fiesta acabó y me fui con todo lo especial que sucedió, me fui en silencio, como llegué. Llegué a casa cansado, me tiré en la cama, cerré los ojos y solo pensé en que no podía estarle más agradecido a la vida.

Reflexión

El cáncer ha supuesto en mi vida un crecimiento personal enorme. Ha sido mi maestro, el que me ha enseñado todo lo bueno que tiene la vida. Todo aquello que antes no podía ver y a lo que hoy soy capaz de entregarme de una manera más profunda y especial. He aprendido a priorizar, he aprendido que la vida es mucho más sencilla de lo que la hacemos, con tanto estrés, tanto orgullo, tanta apariencia y tanta pérdida de tiempo. Me enseñó que aquí estamos un rato y que ese ratito que estamos aquí hay que aprovecharlo al máximo, porque no existe regalo más grande que estar vivos.

Hay que ser valientes, arriesgar, dejarse llevar y tener la fortaleza suficiente de tirarse al vacío y disfrutar del viaje, sin saber el final, porque eso es lo más bonito: el camino al andar. Aprendí que hay que hacerles la vida bonita a los demás. En todo este ciclo he intentado ayudar a todos aquellos que pasan por lo mismo. Me he abierto y me siento libre y feliz de poder hablar con vosotros y ayudaros.

Todo lo que se haga en la vida hay que hacerlo con amor, porque el amor es la única respuesta, aunque esto suene cursi. No vale la pena sufrir por cosas banales, no vale la pena discutir, armarse de rencores y olvidar lo bonito que es el perdón.

Lo más importante del mundo es tener salud, es cuidar nuestro cuerpo, ese templo sagrado que muchas veces pasa desapercibido. La conexión con el cuerpo es importante. Tenemos que saber qué es lo que nos hace bien, cuidar los excesos, controlar la alimentación, la rutina y, sobre todo, la intención con la cual interactuamos con nuestro cuerpo.

Creo que quizás esto me ha pasado para modificar muchas cosas en mi vida, parar, respirar, observar, tomar conciencia y dejar muchos hábitos atrás, muchas cosas que no me hacían bien y en las que no reparaba.

Cada día estoy más convencido de que el cáncer ha sido lo mejor que me ha pasado. Gracias a él soy la persona que soy hoy, una persona muy feliz. Me levanto con una sonrisa en la cara, desayuno disfrutando del proceso, intercambio opiniones con los demás escuchándolos, mirándoles a los ojos como nunca antes. Abrazo a la gente con el corazón, a mi gente, a todos vosotros. La vida es un regalo y ya que te regalan este día, como cada día, hay que disfrutarlo.

No importa lo que has hecho en tu vida, lo que hayas hecho ayer, estamos aquí y ahora; disfrútalo. El futuro nunca se conoce, lo mejor que podemos hacer es vivir el momento. Para construir el futuro es necesario que construyas el presente, porque el día de hoy es lo que marca tu mañana. Ríete mucho, haz reír a tu gente.

El cáncer tiene muchísimas cosas buenas, solo hay que abrir bien los ojos y verlas. Nos han enseñado fatal, para meternos miedo, para controlarnos, para no dejarnos reflexionar. Sin embargo somos nosotros los que tomamos las decisiones. De una vez por todas debemos darnos cuenta de que tenemos derecho a expresarnos. Nos han enseñado que el cáncer es sinónimo de muerte y yo digo, con todo el corazón, que no es así, que es todo lo contrario. Estate atento. Si tienes cáncer, disfruta cada momento.

Por ejemplo, cuando me dijeron que se me iba a caer el pelo, no me preocupó mucho. Las cejas sí, nunca me había rapado la cabeza y pensé que iba a disfrutarlo. Era maravilloso y decidí no ocultar nada. Mostrarme al mundo tal cual soy. Era una forma de calmar a los que me quieren, de saber que estaba bien y que podían tratarme como siempre, como si no hubiera pasado nada.

Yo te invito a que tu cáncer sea tu viaje de sensaciones, un montón de experiencias que hay que vivir con todos los sentidos despiertos, porque vas a tener momentos muy bonitos. Te darás cuenta de que tu fortaleza es lo máximo a lo que puedes aspirar, que es una prueba hermosa y que nada ni nadie puede vencerte. El sufrimiento, el dolor, por supuesto, también están y son parte de esta historia, pero eres tú quien decide mantener tus prioridades como mejor te parezca.

Todo tiene un para qué. ¿Para qué me pasó esto? Para ser mejor, para encontrarme con una mejor versión de mí, para crecer y ver la vida de una manera muchísimo más especial. El cambio que vas a experimentar en tu cabeza y en tu cuerpo es tan bestial que cuando sales de ellos eres una persona mucho más rica, tienes otra esencia, otra versión de ti, mejorada. En eso vas a convertirte: en la mejor versión de ti mismo.

Epílogo

Todo empezó durante una gira de teatro con un ardor de estómago que se fue convirtiendo poco a poco en un fuerte dolor. Llegó un momento en el que los dolores mientras actuaba eran tan fuertes que se le reflejaban en la cara, pero solo cuando estaba de espaldas al público y éramos los actores los que nos dábamos cuenta, porque otra cosa no, pero actor es ¡hasta la médula!

Aún en esa época difícil, cuando no se sentía bien, no perdió su sentido del humor ni esa rapidez mental que Dios le ha dado, ni esas carcajadas con ese volumen tan alto que también Dios le ha dado...

En cuanto se hizo las pruebas médicas y el resultado fue cáncer, lógicamente sintió miedo y los que lo queremos también, pero pasado el primer momento de derrumbarnos, solo un día, no vayáis a creer que fue mucho más, Jorge cambió el chip. Decidió que iba a luchar sin perder ese sentido del humor del que os hablaba ni la positividad.

Recuerdo uno de los días que fui a verlo al hospital. Estaba recién operado y ya tenía a todos los enfermeros y las enfermeras de la planta revolucionados, y hubo un momento en un ascensor de la Fundación Jiménez Díaz, mientras lo trasladaban de habitación, él en la camilla y nosotros de pie a su lado, en el que acabamos todos cantando y nos hizo reír tanto que si llega a haber cámaras nos echan, seguro, y al camillero también.

Yo en aquel momento le dije:

—¿Qué parte no has comprendido de que venimos nosotros a animarte y a hacerte reír a ti y no al revés?

¡Pero Jorge es así!

No ha sido una lucha fácil porque aunque ha tenido a su familia y sus amigos apoyándolo, al fin y al cabo es uno mismo el que tiene que sufrir, no solo el dolor físico de los tratamientos y las operaciones, sino el dolor del miedo y la tristeza que hay que vencer día a día o a cada rato, pero Jorge lo ha logrado porque es un VALIENTE.

En esta era de *hashtags* quiero terminar mis palabras con alguno de ellos #cáncer #sepuede #jorgelucas #eres unvaliente #tequiero.

LARA DIBILDOS

Testimonios

Cuando se trata del cáncer siempre lo contamos cuando ya hemos salido. Para mí tiene mucha importancia cómo lo pasaste y lo superaste.

Con toda la dignidad y sin entenderlo pero afrontándolo, retorciéndote de dolores, sin dejar de trabajar; y siempre con esa sonrisa en tu cara para todos.

Lo más bonito, tus lágrimas, tus miedos, tu superación, esa sensibilidad que has alcanzado capaz de ver el sufrimiento y el amor de los demás.

Orgullosa de ti, Jorge Lucas.

Te quiere infinitamente e incondicionalmente,

ÁNGELA LOZANO

Suena el teléfono. No son horas.

—¿Sí? ¿Qué pasa?

—Eso digo yo, ¿qué pasa?

—Sabes ese que dice...

—Ja ja ja ja ja.

—Venga, hasta luego.

¿Conversación de besugos? No, nada de eso. Una llamada de mi hermano, y no quiere contarme un chiste. Yo lo sé, solo quiere escuchar mi risa. Como cuando yo le envío un audio estando de flamenquito. Y es que me encantaría compartir ese momento con él, como otros amargos que también hemos tenido que vivir obligados, aunque no los hubiese cambiado por nadie.

A pesar de su amargura, mira que nos hemos reído. Escandalosa y descontroladamente, salas de espera, consultas, pruebas...

Con alegría, con mucha alegría, sobreponiéndote siempre. ¡Qué fortaleza la tuya!

Y es que «nada es tan importante». (Josefina)

Esta tampoco es mía, pero me gusta tanto... y siempre pienso en ti cuando la veo: «En la vida solo hay que ser tres cosas: justo, valiente y FELIZ.» (Aitor Saraiba)

Te quiero,

MARÍA JOSÉ RODRÍGUEZ

Jorge Lucas da la cara y la palabra

Yo he visto a Jorge Lucas, en un escenario malague-
ño, señalando ese cielo que tienen los teatros y que solo
ven los iluminados o las almas heridas. Puesto en pie, el
público alzaba la cabeza hacia la dirección que señalaba
el dedo del actor, arlequín, que por primera vez brinda-
ba a los ausentes su milagro de fortaleza y un sueño mejor. (Yo había visitado a Jorge en la planta de Oncología
donde era atendido mientras tomaba notas para este libro y yo le llevé otro, *Farándula*, para que le hiciese compañía en algún momento.)

Digo que he visto a Jorge Lucas mientras recibía la
«quimio», y cuando los facultativos le daban a él, a la familia y a los amigos buenas noticias —«el proceso va
bien»—, solía reaparecer el artista, limpio de dudas, limpio de miedos.

Son muchos los que han pasado por el mismo trance

y helos aquí, vencedores y dando fe, con el ilusionante compromiso de poder ayudar a otros. Si para Whitman, «esto no es un libro, es un hombre», esta obra de Jorge Lucas es «muchas mujeres, muchos hombres, muchos niños», con quienes la medicina debe tener un trato muy especial y la investigación siempre alerta.

Yo saludo este esfuerzo y esta valentía. Ahora que ya sabemos que se puede cambiar el rumbo del que antes podíamos desconfiar. Ahora sí. Y es el momento de invitarnos todos a la vida y a esa risa que Jorge Lucas regala siempre a los amigos y a cómplices tan amorosos.

JUAN DE LOXA

Jorge Lucas, ejemplo vivo a seguir

Como digo siempre, nada es casualidad. Llegar a la vida de Jorge, de improviso, gracias al universo, tampoco. Lo conocí cuando estaba en pleno proceso, viviendo esa etapa tan maravillosa que cambió completamente su vida. Debo admitir que me quedé sumamente sorprendido y hasta el día de hoy pienso en ello y se me eriza el vello.

Me encontré un ser que no ocultaba su situación, que se reía, y muchísimo, de sí mismo, que disfrutaba cada día que vivía, cada momento. Es lo mágico de todo esto. Vivió el cáncer con todo el amor del mundo, lo tomó como su maestro personal, para poder ser hoy mejor que nunca.

Jorge me enseñó mucho y siempre voy a estar agradecido con él. Nunca luchó contra la enfermedad, sino que lo dominó hasta que, por fin, cuando acabó la metamorfosis, se despidió de ella. Con una grata sonrisa, algo que, repito, nunca ha perdido.

Nunca supe lo que era la positividad hasta que me encontré con Jorge. Nunca supe lo que era la revolución, la fuerza de voluntad, hasta que di con él. Es un ejemplo que seguir y siempre voy a repetirlo: no tuvo suerte. Por favor, querido lector, no crea eso.

Que una persona me diga que el cáncer es lo mejor que le ha pasado en la vida me alienta a ser valiente. El secreto de todo esto, de que pudiera superar el cáncer, es la voluntad. Jorge tuvo y tiene voluntad para superarse y esa es la clave de la vida. Hagas lo que hagas, lo único que te dará frutos es tu voluntad.

Mientras compartíamos momentos especiales, muchas veces olvidaba que tenía cáncer. Hagas lo que hagas, lo único que te dará frutos es tu voluntad. Ahora me tomo el atrevimiento de escribir un poema para él:

Tu sonrisa dicta tranquilidad,
de esa tan cercana que acaricia cualquier alma,
la mirada de luz que dejaste en aquel rincón del que
*   nunca te has ido,*
en los que se preocupaban, cuando siempre supiste
que todo estaba bien.

Tus manos trabajan para la utopía,
aquella lejana que muchos sacrifican sus sueños,
sin quitarse la venda del recuerdo olvidado,
esa que los tiranos nos impusieron desde chiquititos.

Tus amaneceres sacuden las cenizas y los últimos rastros
  de piel
que hayan podido permanecer de aquel hombre
  dormido,
espabilando con el acto de hacer.
Dando paso a este ser que poco a poco forma parte de
  hacerlo todo y bien.

Tu voz respira vida, y cuando digo esto, hablo de
  aprender a sentir lo
que son realmente tus prioridades
y encontrarte con que la vida ya no duele y no hay
  tiempo
ni tan siquiera interés de rendirse.

Ahora que estás presencialmente más vivo que
  cualquiera que camina
y más sonriente que los niños en nochebuena, es hora de
  ser esencialmente leyenda.
La apertura del camino de cómo hemos de
  comportarnos,
con las mejores cosas que nos da la vida.

MIGUEL MATÍAS, poeta

Agradecimientos de Jorge Lucas

Deseo dar las gracias a lo más importante, que ha sido el cáncer. Gracias, cáncer, por haber aparecido en mi vida. No voy a olvidarte nunca. Me has hecho dar un giro radical, para mejor.

Gracias a mi familia, por haber sido tan fuertes, en especial a mi hermana María José, que cogió el timón de todo el proceso y no me dejó nunca; y también nos reímos mucho.

Gracias a Suzanne Powell por tu enseñanza, por tu amor incondicional hacia mí.

Gracias a Lara Dibildos, mi hermana del alma, por darme tanta alegría. Gracias a Ángela, mi amiga, mi todo.

Gracias a ti, María Pineda, por haberme llenado de amor y seguir haciéndolo.

Gracias a la Fundación Jiménez Díaz por haberme hecho sentir como en casa. Al doctor Córdoba y a todo su equipo, por su cariño y comprensión.

Gracias a todos mis amigos por vuestro apoyo, por vuestro cariño, por vuestras risas y algunas lágrimas que otras.

Gracias a las redes sociales, donde con vuestros mensajes y llamadas se ha creado una energía bonita entre nosotros. Estoy convencido de que entre todos vosotros me habéis curado.

Índice